Helge Pross

Kapitalismus und Demokratie

Studien über westdeutsche Sozialstrukturen

Fischer Athenäum Taschenbücher
Sozialwissenschaften

Helge Pross

Kapitalismus und Demokratie

Studien über westdeutsche Sozialstrukturen

Athenäum Fischer Taschenbuch Verlag

Athenäum Fischer Taschenbuch Verlag GmbH & Co., Frankfurt am Main

Umschlagentwurf Endrikat + Wenn
Satzherstellung Gutfreund & Sohn, Darmstadt
Druck und Bindearbeit Clausen & Bosse, Leck (Schleswig)
Printed in Germany
ISBN 3-8072-4013-6

Editorische Notizen zum Programm Sozialwissenschaften

Dieses Taschenbuchprogramm richtet sich an ein soziologisch, politikwissenschaftlich und psychologisch interessiertes Publikum. Vor allem ist es an den Lehr- und Lernbedürfnissen der Hochschulangehörigen und den Erfordernissen der beruflichen Ausbildung und Weiterbildung orientiert. Das Programm folgt nicht der üblichen einzelwissenschaftlichen Trennung in verschiedene Disziplinen, sondern gliedert sich in fächerübergreifende Problemkomplexe. Die inhaltlichen Schwerpunkte beziehen sich auf Fragen sozialwissenschaftlicher Theorienbildung und Forschung und auf die Untersuchung gesellschaftlicher Problembereiche. Dies schließt die Analyse der vom Produktions- und Verwertungsprozeß bestimmten gesellschaftlichen Lebensbedingungen ein, wie etwa: die Wohn- und Umweltverhältnisse, das Ausbildungs- und Bildungssystem, das rechtliche und politische Regulierungssystem, die Massenkommunikationsmittel, den Freizeitbereich, die gesellschaftlichen Bedingungen der Persönlichkeitsentwicklung.

Das Programm wird nach folgenden Publikationstypen differenziert: Arbeits- und Forschungsberichte, Reader, Dokumentations- und Materialienbände, Diskussionsbände, Einzeldarstellungen. Für den Bereich der Psychologie ist daneben die Entwicklung einer Reihe gesellschaftswissenschaftlich orientierter Lehrbuchtexte geplant.

Arbeits- und Forschungsbericht enthalten die Resultate von Seminar-, Instituts- und Gruppenprojekten.

In den Readers werden wichtige, bisher nicht oder nur schwer zugängliche Arbeiten publiziert, die nach systematischen Sachgebieten zusammengestellt und eingehend kommentiert sind. Die Readers sind als Fortsetzungsbände konzipiert, um den jeweils neuesten Stand der Forschung zu präsentieren.

In den Dokumentations- und Materialienbänden werden Texte aus den Bereichen Wissenschafts- und Theoriengeschichte, Sozial- und Wirtschaftsgeschichte publiziert.

Die Diskussionsbände informieren über kontroverse wissenschaftliche Positionen, Interpretationsversuche und Untersuchungsverfahren.

Einzeldarstellungen richten sich vor allem auf Konzeptionsprobleme und die methodenkritische Neubestimmung von Untersuchungen.

Die verschiedenen Publikationstypen sind aufeinander beziehbar: so können beispielsweise die Monographien oder Forschungsberichte zu relevanten Themen durch Readers ergänzt, in Bänden mit Dokumentationsliteratur historisch fundiert und in Diskussionsbänden problematisiert werden.

Neben der Entwicklung sozialwissenschaftlicher Theorie und Forschung verfolgen die Taschenbücher im wesentlichen zwei praktische Absichten: sie wollen einerseits berufsrelevante Informationen für Gruppen der sozialwissenschaftlichen Intelligenz zur Verfügung stellen und andererseits die gesellschaftlichen Entstehungsbedingungen und Verwendungszusammenhänge sozialwissenschaftlicher Theorien klären.

Der wissenschaftliche Beirat

Inhaltsverzeichnis

Vorbemerkung

Die in diesem Band zusammengefaßten Aufsätze sind Versuche, Antworten auf *eine* Frage zu finden – auf die Frage nach den Aussichten für eine Festigung und Erweiterung der politischen Demokratie in der Bundesrepublik. Der Klärungsversuch schließt Erörterungen über Wandlungen des Kapitalismus und sein Verhältnis zur Demokratie ein.

Begründen muß ich, warum ich das Kapitel »Demokratie und Frauenemanzipation in der Bundesrepublik« aufgenommen habe. Wo man sich mit dem Kapitalismus oder mit der Demokratie oder mit der Beziehung zwischen beiden befaßt, wird gewöhnlich ignoriert, daß die Mehrheit der Menschen, die in diesen Ordnungen leben, weiblichen Geschlechts ist. Übersehen wird oft auch, daß sich Frauen innerhalb des für beide Geschlechter gleichen institutionellen Rahmens in einer Sondersituation befinden. Kapitalismus und Demokratie wirken sich für Männer und Frauen verschieden aus. Ich glaube nicht, daß man zu einem realistischen Urteil über die heutige Gesellschaft kommen kann, wenn man diese Differenz übergeht.

Gießen, November 1972. H. P.

Zum Begriff der pluralistischen Gesellschaft

Der Begriff der pluralistischen Gesellschaft, eine Lieblingsvokabel zumal der vulgärsoziologischen Literatur, bürgerte sich in Deutschland erst nach dem Zweiten Weltkrieg ein. Anfangs selten verwendet, ist er inzwischen zu einer der populären Formeln avanciert, in denen der Versuch unternommen wird, Strukturen der gegenwärtigen bürgerlichen Gesellschaft zu beschreiben, die sowohl von denen des neunzehnten Jahrhunderts als auch von denen der nicht-bürgerlichen Industrieländer differieren. Verbreitet ist die Rede von sozialem Pluralismus, regionalem Pluralismus, vom Wertepluralismus, von der pluralistischen Demokratie, dem pluralistischen Staat. Ist die plötzliche Beliebtheit solcher Formeln ein Indiz für die Neuartigkeit pluralistischer Strukturen in Deutschland, deutet andererseits ihre Unbestimmtheit darauf hin, daß die Erkenntnis dieser Phänomene sich bisher nicht voll entfaltete. Zumal der Begriff der pluralistischen Gesellschaft wird selten präzisiert. Ausführlich äußern sich lediglich Autoren aus dem Umkreis der politischen Wissenschaft, doch beziehen sich ihre Thesen nahezu ausschließlich auf den Staat; die Verhältnisse in anderen sozialen Machtbereichen schließen sie unmittelbar nicht ein. Wenn der Entwicklungsstand einer sozialwissenschaftlichen Theorie Aufschluß gibt über den der untersuchten Phänomene, wäre aus der Undifferenziertheit der soziologischen Kategorie ebenso wie aus der Ausführlichkeit politologischer Darlegungen zu folgern, daß die pluralistischen Institutionen in der engeren Sphäre des Staates stärker ausgebildet sind als auf den nicht direkt von ihm dirigierten Sektoren. Woraus auch der Mangel an Präzision resultiert – selten kommt, wer von sozialem Pluralismus spricht, über Ansätze einer näheren Bestimmung hinaus. Angesichts dieser Situation scheint es sinnvoll, die verstreuten Hinweise aufzunehmen, einige der in ihnen angedeuteten Überlegungen zu explizieren und zu prüfen.

In älteren Theorien, in der von Marx, aber auch in der früher formulierten Lorenz von Steins, erscheint die bürgerliche Gesellschaft hinsichtlich ihrer Herrschaftsstrukturen als ein monistisches System. Wie bekannt, hat Marx die Machtverhältnisse unterm Kapitalismus gleichsam in zwei Dimensionen analysiert, in der Dimension der Geltung objektiver Gesetze, denen alle Individuen einschließlich der Kapitalisten unterliegen, und in der der Herrschaft von Menschen über Menschen. Allein auf diese zweite, die Dimension der personalen Herrschaft, nicht auf objektive ökonomisch-soziale Gesetze, bezieht sich die von der Marxschen abweichende Konzeption der bürgerlichen Gesellschaft als eines pluralistischen Systems. Marx zufolge werden unter den Bedingungen der Tauschwirtschaft die Herrschaftsverhältnisse der Gesellschaft insgesamt entscheidend bestimmt durch die Herrschaftsverhältnisse in der Ökonomie, die wiederum begründet sind im Privateigentum. Verfügung über Produktionsmittel involviere direkte oder indirekte Teilhabe an der Herrschaft in allen Sphären der Gesellschaft, und umgekehrt der Ausschluß vom Eigentum Subordination nicht nur in der Wirtschaft, sondern ebenso im Staat, im Recht, im Bereich der geistigen Produktion. Übertragen in die Sprache der neueren Soziologie besagt die Theorie, daß sämtliche funktionalen Sektoren des sozialen Ganzen beherrscht werden durch eine ihrerseits den Mechanismen des Arbeitsprozesses unterworfene, geschlossene Klasse, die allein nach Maßgabe kapitalistischer Interessen regiert. Wie bei Marx stellt sich die bürgerliche Gesellschaft auch in der Theorie Lorenz von Steins dar als ein monistisches System, in dem die besitzende Klasse sämtliche Teilsysteme dirigiert.[1] Unmöglich sei, daß unter den Bedingungen des entfalteten Kapitalismus die Eigentumslosen jemals eine Chance erhalten würden, die Willensbildung der dominierenden Klasse zu beeinflussen; unmöglich eine Kontrolle der die Gesellschaft Regierenden durch die Regierten. Sich selbst überlassen, tendiere die kapitalistische Gesellschaft zur Polarisierung in zwei absolut feindliche Klassen, von denen die eine in der Machtausübung beschränkt würde allein durch die Bewegungsgesetze des Kapitals, während die andere zu schwach sei, um ihren Interessen gegenüber den kapitalistischen Geltung zu verschaffen.

Das von Marx und Stein entwickelte Modell der Machtverteilung, das den Verhältnissen der bürgerlichen Gesellschaft im neunzehnten Jahrhundert weitgehend entsprach, ist deren gegenwärtigem Zustand nicht mehr adäquat. Obwohl die Totalität der menschlichen Beziehungen auch heute bestimmt wird durch Gesetze der Warenproduktion, bedingen die spezifisch bürgerlichen Institutionen nicht länger eine monistische Herrschaftsstruktur. Vielmehr scheint das Ganze sowohl im Hinblick auf die Beziehungen zwischen den Herrschaftsgruppen verschiedener Sektoren als auch hinsichtlich der Machtverhältnisse innerhalb der einzelnen Teilsysteme eher pluralistisch organisiert. An die Stelle einer geschlossenen Herrschaftsklasse mit gleichartigen Interessen ist eine Vielzahl von Herrschaftsgruppen getreten, die je verschiedene Interessen vertreten und prinzipiell voneinander unabhängig sind. Weder sind – wie in der kapitalistischen Gesellschaft der Marxschen Theorie – die Dirigenten der Wirtschaft dominierend auch im Staat, in der Sphäre der Bildung und Erziehung und in der der Kommunikation,

[1] *L. v. Stein,* Geschichte der sozialen Bewegung in Frankreich von 1789 bis auf unsere Tage. In drei Bänden mit einem Vorwort hrsg. von *G. Salomon.* München 1921.

noch können – wie in den Ländern des Ostblocks – die Inhaber der politischen Schlüsselpositionen die nicht-staatlichen Sektoren kontrollieren. Vielmehr wird jeder Sektor beherrscht von einer Gruppe oder von mehreren Gruppen, die von den Regenten der übrigen Teilsysteme insofern unabhängig sind, als keine den anderen einfach zu diktieren vermag. Diese, der Auflösung der homogenen Herrschaftsklasse entsprechende Unabhängigkeit der verschiedenen Führungsgruppen bedeutet, daß die Herrschaft einer jeden Beschränkungen durch die anderen unterliegt. So wird etwa die Macht der Inhaber wirtschaftlicher Schlüsselstellen begrenzt nicht nur durch objektive Gegebenheiten, sondern auch durch die Macht der staatlichen Herrschaftsgruppen, deren Einfluß wiederum durch den der ökonomisch führenden Personenkreise limitiert ist. Durch Teilung beschränkt, ist Herrschaft gleichwohl nicht aufgehoben. Nach wie vor sind die Dirigenten der verschiedenen Sektoren nicht einfach Verwalter von Sachen. Sie haben – wie Max Weber formulierte[2] – die Chance, bei einem angebbaren Personenkreis für einen Befehl bestimmten Inhalts Gehorsam zu finden, das heißt sie haben die Möglichkeit, über Menschen zu herrschen. Diese Möglichkeit ist jedoch enger begrenzt als in dem von Marx analysierten System. Sie wird beschränkt nicht allein durch die Führungsgruppen der jeweils anderen Sektoren und durch das formale Recht, das die willkürliche Anwendung von Zwangsmitteln verhindert oder zum mindesten erschwert, sondern auch durch die Tätigkeit von Organisationen, in denen sich die Individuen mit je verwandten Interessen zusammengeschlossen haben. In jedem der gesellschaftlichen Teilsysteme bildeten sich Verbände heraus, die die Inhaber der ursprünglichen Herrschaftspositionen mehr oder minder wirksam kontrollieren. Prinzipiell sind diese Kollektive unabhängig voneinander und unabhängig auch von den ursprünglichen Herrschaftsinstanzen – den Regierungen und Parlamenten im Staat, den Leitern der Unternehmungen in der Ökonomie. Da grundsätzlich jede soziale Gruppe die Chance hat, sich zu organisieren und durch Zusammenschluß sich Geltung zu verschaffen; da diese Organisationen nach Maßgabe der Verschiedenheit ihrer Funktionen rechtlich gleichgestellt sind; da schließlich jede Großgruppe die Organisationschance nutzt, haben tendenziell und mittelbar alle Interessenten an der Formulierung der sie tangierenden Entscheidungen teil. Anders als in der Gesellschaft des neunzehnten Jahrhunderts sind sie den Herrschenden nicht wehrlos ausgeliefert. Vielmehr steht ihnen in der Organisation ein wirksames Mittel der Gegenwehr zur Verfügung. Das bedeutet, daß die Disposition über Produktionsmittel nicht länger die einzige oder allein wichtige Grundlage ist, auf der ökonomisch-

[2] *M. Weber,* Wirtschaft und Gesellschaft, 4., neu hrsg. Auflage, besorgt von *J. Winkelmann.* Tübingen 1956. S. 28.

soziale Macht basiert. Ursprünglich ausschließlich Objekte fremder Beschlüsse, haben Arbeiter, Angestellte und andere zuvor ohnmächtige Gruppen im organisierten Zusammenschluß eine neue Machtquelle erschlossen, die heute potentiell kaum geringere Einflußchancen gibt als die Verfügung über die Instrumente der Produktion.

Mit der Umbildung des monistischen in ein pluralistisches System hat sich auch die Struktur der Entscheidungen verändert, die von den jeweils Herrschenden getroffen werden. In der monistisch organisierten bürgerlichen Gesellschaft waren Entscheidungen der Herrschenden weitgehend einseitige Diktate, die formuliert wurden ohne Rücksicht auf die Interessen der Beherrschten und ohne Beeinflussung durch sie. Demgegenüber dominiert heute der Kompromiß. Zumal im Staat, seltener in der Wirtschaft, kommen Entscheidungen unter Beteiligung von Repräsentanten der durch sie Betroffenen zustande, stellen sie Kompromisse zwischen divergierenden Interessen dar. Haben auch nicht alle sozialen Gruppen gleichmäßig teil an der Formulierung der Beschlüsse, die sie unmittelbar oder mittelbar tangieren, besitzt doch jede die Möglichkeit, ihren Bedürfnissen wenigstens ein Minimum an Geltung zu verschaffen. Da tendenziell jede Gruppe imstande ist, die mit ihr rivalisierenden zum Kompromiß zu motivieren; da jede die Möglichkeit hat, die anderen zur teilweisen Berücksichtigung ihrer Forderungen zu zwingen, gibt es prinzipiell keine Außenseiter des Systems, die nur durch dessen Aufhebung ihre manifesten Interessen zu realisieren vermöchten. Stellt diese generelle, in der pluralistischen Struktur verankerte Orientierung am Kompromiß in Deutschland einen Fortschritt dar, weil sie die Verbreitung autoritärer Programme erschwert, ist sie doch auch regressiv. Sie unterbindet sowohl die Reflexion über die Legitimität bestehender Institutionen, als auch die aus ihr resultierende Aktion, die auf die Veränderung vorhandener Einrichtungen zugunsten der Ausweitung individueller Freiheit zielt. Grundsätzlich begünstigt das pluralistische System die Verbreitung von Theorien, die nur solche Veränderungen befürworten, welche der Erhaltung vorhandener Institutionen dienen.

In Westdeutschland scheinen die pluralistischen Muster in der Sphäre des Staates am weitesten realisiert. Carl Schmitt hat den pluralistischen Staat bestimmt als einen Verband, dessen Wille gebildet wird unterm Einfluß einer Mehrheit sozialer Machtkomplexe[3]: nicht nur durch politische Parteien, sondern auch von Gewerkschaften, Wirtschafts- und Arbeitgeberverbänden, Kirchen und anderen Vereinigungen, die jeweils verschiedene soziale Interessen repräsentieren. Zu politisch mitentscheidenden Kräften avanciert, sind diese faktisch an der Ausübung

[3] *C. Schmitt,* Der Hüter der Verfassung, Tübingen 1931. S. 71, und Verfassungsrechtliche Aufsätze aus den Jahren 1924–1954. Berlin 1958.

der Staatsgewalt beteiligt, die die Verfassung zwar als eine in Exekutive, Legislative und Rechtsprechende getrennte, gleichwohl einheitliche konzipiert. Gemeinsam sind sie Träger des pluralistischen Staates, Elemente eines Systems, das konstituiert wird durch mehrere, gleichsam nebeneinander stehende Machtzentren, die miteinander rivalisieren.[4] Der pluralistische Staat ist keine gegenüber den sozialen Gruppen souveräne, von ihnen unabhängige Kraft. Vielmehr stellt er eine Art Föderation oligarchischer Herrschaftsgruppen dar, die mittels direkter oder indirekter Einflußnahme auf Regierungen, Parlamente und Verwaltungen an seiner Willensfindung und seiner Entscheidungsgewalt partizipieren. »Jeder weiß oder ahnt es wenigstens«, sagt Werner Weber, »daß sich alle großen Entscheidungen in irgendeiner geheimnisvollen Art im Kreise dieser Oligarchien bilden, und wer zu politischem Einfluß gelangen will, muß den Weg über eine von ihnen suchen.«[5] In polemischer Absicht konstatiert Eschenburg, wir tendierten heute zu einem Zustand, »der mehr einem Bund der vereinigten Verbände, Kirchen, Kreis- und Stadtrepubliken nahekommt, mehr einem Gruppenbund als einem Bundesstaat.«[6] Ex definitione kennt ein pluralistischer Staat keine unparteiische, nicht nur formell, sondern auch faktisch eindeutig allen Gruppen übergeordnete Zentralinstanz. Verglichen mit seinem Widerpart, dem monistischen Staat, der heute nur noch die Form der totalitären Diktatur annehmen kann, ist er relativ schwach. Er ist schwach, weil in ihm eine neue Form der Gewaltenteilung verwirklicht worden ist, ein Muster von checks and balances, in dem die Repräsentanten der von seinen Entscheidungen Betroffenen sich gegenseitig kontrollieren.

Im Gegensatz zu der in der öffentlichen Diskussion gelegentlich vorgetragenen Auffassung ist der Begriff des pluralistischen Staates nicht gleichbedeutend mit dem der pluralistischen Demokratie. Unter den Bedingungen der entwickelten Industriegesellschaft finden sich auch im autoritären und im totalitären Staat Elemente der pluralistischen Struktur. Er ist pluralistisch organisiert, insoweit seine Beschlüsse ebenfalls beeinflußt werden von mehreren sozialen Machtgruppen, die, obwohl nicht unabhängig voneinander, doch divergierende Interessen verteidigen. Franz Neumann hat das für den nationalsozialistischen Staat nachgewiesen.[7] Beherrscht von verschiedenen totalitären Apparaten, die sich von Fall zu Fall miteinander absprachen, sei keine In-

[4] *Th. Eschenburg*, Staat und Gesellschaft in Deutschland, Stuttgart 1956. S. 281.

[5] *W. Weber*, Spannungen und Kräfte im westdeutschen Verfassungssystem. 2. erw. Aufl., Stuttgart 1958. S. 50.

[6] *Th. Eschenburg*, Herrschaft der Verbände? Stuttgart 1955. S. 87.

[7] *F. Neumann*, Behemoth. The Structure and Practice of National Socialism 1933–1944. Toronto–New York–London [2]1944.

stanz – weder die Partei noch das Militär, die staatliche oder die wirtschaftliche Bürokratie – imstande gewesen, den anderen Oligarchien Entscheidungen einfach zu oktroyieren. Auch die Sowjetunion ist in diesem Sinn ein pluralistischer Staat. Desgleichen entsprach das autoritär regierte Wilhelminische Deutschland, in dem die Beschlüsse der Staatsgewalt ebenfalls unterm Einfluß verschiedener Machtgruppen – Grundeigentümer, Industrie, Militär, einer nahezu autonomen Bürokratie – zustande kamen, dem Begriff des pluralistischen Staates. Dieser differiert wesentlich von dem der pluralistischen Demokratie. In ihr ist die staatliche Herrschaftsgewalt nicht nur beschränkt und zur Verantwortung gezwungen durch die von der Verfassung vorgeschriebenen Einrichtungen. Vielmehr wird sie limitiert auch durch die unabhängigen Organisationen. Ist das Konzept des pluralistischen Staates nicht identisch mit dem der pluralistischen Demokratie, entspricht diese nicht unmittelbar der repräsentativen Demokratie. Eher stellt sich die pluralistische Demokratie dar als ein Sonderfall der repräsentativen, der sich erst in der entwickelten Industriegesellschaft realisiert. In der pluralistischen Demokratie sind die Staatsbürger repräsentiert nicht nur durch gewählte Abgeordnete, sondern auch durch die selbständigen Zusammenschlüsse, die direkt die partikularen Interessen vertreten. Statt, wie es im Modell der »reinen« repräsentativen Demokratie geschieht, durch gruppenunabhängige Organe, wird der Staatswille unter direkter Beteiligung der Gruppen formuliert.

Konservative Theoretiker wie Carl Schmitt und Werner Weber haben die durch die Revolution von 1918 eingeleitete, durch die Nationalsozialisten reversierte und nach 1945 erneut begonnene Umbildung des autoritären Staates in die pluralistische Demokratie als Verlust der »staatlichen Substanz«, als Auflösung des Staates überhaupt beklagt. Unter den neuen Bedingungen würden die gesellschaftlichen Antagonismen nicht länger gebändigt durch eine übergeordnete, unparteiische Instanz, die als ihr ehrlicher Makler fungiert. Vielmehr habe die Gesellschaft den ihr im neunzehnten Jahrhundert als »selbständige Persönlichkeit« gegenüberstehenden Staat usurpiert, ihn erniedrigt zum »Gesellschaftsstaat«, zum Organ der antagonistischen Gruppen.[8] Es fehle – so formuliert Werner Weber – die »unverzichtbare überwölbende Einheit der staatlichen Herrschaftsordnung«[9], in der die rivalisierenden Machthaber auf eine »gliedhafte und dienende Rolle«[10] verwiesen wären. Diese Kritik ist jedoch fragwürdig nicht nur, weil sie orientiert ist an einer letztlich metaphysischen Idee des Staates, die diesen als Selbstzweck konzipiert. Falsch ist sie auch, insofern sie unter-

[8] *C. Schmitt,* Der Hüter der Verfassung a.a.O., S. 78.
[9] *W. Weber,* Spannungen und Kräfte a.a.O., S. 58.
[10] a.a.O., S. 156.

stellt, der deutsche Staat des neunzehnten Jahrhunderts habe tatsächlich als neutraler Schiedsrichter fungiert, der sämtlichen sozialen Gruppen einschließlich des Proletariats Gerechtigkeit widerfahren ließ. Sind die Prämissen unhaltbar, auf denen die konservative Kritik basiert, enthält sie gleichwohl ein richtiges Moment. Fraglos besteht in der pluralistischen Demokratie die Gefahr, daß die Perspektive staatlicher Neutralität überhaupt verloren geht, daß die Institutionen des Staates zur Beute der jeweils stärksten Gruppen degradieren. Grundsätzlich enthält diese Demokratie unter den Bedingungen der antagonistischen Gesellschaft weder Sicherheiten gegen ihre Rückbildung in ein autoritäres System noch ist sie aus sich heraus imstande, weiteren Fortschritt im Sinn einer Ausweitung individueller Freiheit und der Herstellung von Gleichheit zu garantieren. Vielmehr scheint ihr die Tendenz immanent, den Status quo der sozialen Ungleichheit zu zementieren. Deckbild fortwährender Ungleichheit unter formaler Gleichheit, verschleiert sie, daß weiterhin extreme soziale Privilegien bestehen. So wenig sie Gerechtigkeit herzustellen vermag, so wenig kann sie die Erhaltung der politischen Freiheiten garantieren. Akut bleibt vielmehr die Gefahr einer Verschmelzung der konkurrierenden Oligarchien, ihrer Fusion zu einer geschlossenen Machtelite, deren Mitglieder sich auf Kosten der beherrschten Einzelnen arrangieren.

Gemäß der Theorie von Galbraith ist in der bürgerlichen Gesellschaft der Gegenwart nicht allein der Staat, sondern auch die Wirtschaft pluralistisch organisiert.[11] Sie bilde ein System von »countervailing powers«, in dem Macht und Gegenmacht sich wechselseitig limitieren. Diejenige Instanz, bei der im neunzehnten und im frühen zwanzigsten Jahrhundert ein Übermaß an *unkontrollierter* Macht sich konzentrierte, die kapitalistische Großunternehmung, sei heute wirksamen Beschränkungen unterworfen. Unter den ihren Entscheidungsspielraum eingrenzenden Kräften befinden sich – nach Galbraith – kapitalistische und nicht-kapitalistische; kapitalistische hätten die Abwehr auf den Warenmärkten, nicht-kapitalistische die auf den Arbeitsmärkten übernommen. Galbraith geht davon aus, daß ursprünglich vor allem solche Firmen diktatorische Gewalt auf Waren- und Arbeitsmärkten erwarben, die Produktionsgüter erzeugten. Ihre zunächst unbeschränkte Macht würde heute durch die ebenfalls zu gewaltigen Dimensionen angewachsenen Abnehmerfirmen, solchen der weiterverarbeitenden Industrien und in einigen Fällen auch von denen des Handels, begrenzt. Wie auf den Warenmärkten die Abnehmerfirmen und Abnehmerorganisationen, übten auf den Arbeitsmärkten die Gewerkschaften Gegen-

[11] *J. K. Galbraith,* Der amerikanische Kapitalismus im Gleichgewicht der Wirtschaftskräfte, Stuttgart–Wien–Zürich 1956. Zum Folgenden vor allem Kap. 9 und 10.

macht aus. Nach der Theorie von Berle kommt neben diesen Verbänden auch einer anderen außerökonomischen Instanz, der öffentlichen Meinung, neue, den Handlungsspielraum der Wirtschaftsgebilde eindämmende Bedeutung zu.[12] Durch die Errichtung unabhängiger Interessentenorganisationen, die im Gegensatz zu den isolierten Konsumenten imstande seien, sachkundig Wirtschaftsvorgänge zu prüfen, Mißstände aufzudecken und die breite Öffentlichkeit ebenso wie die unmittelbar betroffenen Sondergruppen zu informieren, habe sich die Aufsichtschance der Presse und anderer Kommunikationsmedien gegenüber den großen Wirtschaftseinheiten so weit verbessert, daß die öffentliche Meinung schlechthin eine mitbestimmende Instanz geworden sei.

Indes nehmen nach der Auffassung von Galbraith, Berle und anderen Autoren[13] nicht nur Unternehmen, Gewerkschaften und Genossenschaften, andere Interessenvereinigungen und die öffentliche Meinung Kontrollfunktionen gegenüber Großunternehmungen wahr. Die mächtigste Gegenkraft sei der demokratisch regierte Staat, der dem Einfluß privater Machtgebilde Schranken setze. Indem er in allen bürgerlichen Industrieländern die Verantwortung für das Funktionieren der Gesamtwirtschaft übernahm und in Phasen der Konjunktur wie in Rezessionen und Krisen mit wechselnden Mitteln Sorge tragen soll, daß die materiellen Mindestbedürfnisse befriedigt werden, hat er die Verfügungschance privater Wirtschaftsmächte beschränkt. Anders als etwa um die Jahrhundertwende sind die Leiter großer Firmen nicht mehr souveräne Regenten, deren Entscheidungsfreiheit lediglich objektive technische und ökonomische Gegebenheiten begrenzen. Vielmehr ist ihnen der Staat als gleichgeordnete, gleich starke oder stärkere Instanz konfrontiert, die ihre Macht neutralisiert.

Obwohl, wie die amerikanischen Autoren dargelegt haben, auch in der Wirtschaft Gegenkräfte sich entwickelten, die die Inhaber der ursprünglichen Herrschaftspositionen mehr oder minder weitgehend zu beeinflussen vermögen, entsprechen die Machtverhältnisse in der Ökonomie doch weniger dem pluralistischen Modell als im Handlungsbereich der Staatsgewalt. Grundsätzlich steht ein Wirtschaftssystem, das die Disposition über Produktionsmittel Privateigentümern und ihren Beauftragten, den »Managern«, reserviert, in Widerspruch zum pluralistischen Prinzip. Wo einzig Eigentümer und ihre Repräsentanten das Recht und die Macht besitzen, die Firmenpolitik zu formulieren, bleibt den Vertretern anderer, durch sie betroffener Gruppen die

12 *A. A. Berle,* jr., Corporations and the Modern State, in: The Future of Democratic Capitalism. Hrsg. von *Th. Arnold.* New York 1961; und *A. A.* Berle, jr., The Twentieth Century Capitalist Revolution, New York 1961.

13 Zum Beispiel *C. B. Hoover,* The Economy, Liberty and the State, Garden City 1961.

Chance direkter Mitwirkung bei der Beschlußfassung der die Unternehmen leitenden Kollegien versagt. Auch die Sonderrechte der Gewerkschaften in der westdeutschen Montanindustrie stellen im strengen Sinn kein Mitbestimmungsrecht dar. Lediglich Einspruchs-, aber faktisch kaum reale Mitsprachebefugnisse gewährend, ändern sie wenig daran, daß Gewerkschaftsvertreter in den Firmen Außenseiter sind. Noch seltener wirken andere direkt von ihnen tangierte Interessenten – etwa Konsumentenverbände – unmittelbar auf die Entscheidungen der Firmenleiter ein. Zumal die Medien der Massenkommunikation, in zahlreichen Fällen von den Unternehmen selber manipuliert, treten lediglich in Fällen extremer Mißwirtschaft in Aktion, und auch das nur, wenn diese überhaupt bekannt geworden sind.

Ein entfaltetes pluralistisches System kann als eines der universalen Mitbestimmung bezeichnet werden, insofern Entscheidungen innerhalb des Spielraums, in dem sie überhaupt möglich sind, unter direkter Mitwirkung der Beauftragten aller unmittelbar Betroffenen zustande kommen. Diesem Modell entsprechen die Verhältnisse in der bürgerlichen Wirtschaft nicht. Vielmehr handeln die den kapitalistischen Ursprungsmächten konfrontierten nichtkapitalistischen Gegenkräfte wesentlich reaktiv. Sie dienen in erster Linie der Abschirmung gefährdeter Interessen und nicht als deren an der Entscheidungsgewalt direkt partizipierende Organe. Prinzipiell ausgeschlossen von der Mitbestimmung, fallen den Vetogruppen[14] gleichwohl Kontrollfunktionen zu. Soweit sie nicht einfach als »Nachtwächter« fungieren, die Machtmißbrauch zwar nicht verhindern, wohl aber erschweren können, stellen sie – wie Rathenau in anderem Zusammenhang sagte – »Kontrollen in being« dar. Obwohl sie nicht durch Delegierte in den verantwortlichen Gremien der Unternehmungen vertreten sind, tendieren diese dazu, ihre Beschlüsse in Antizipation möglicher Kritik und Gegenwehr so zu formulieren, daß gewisse Minimalforderungen berücksichtigt werden. Zugleich bleibt denjenigen, die wie die Gewerkschaften über handfeste Kampfmittel verfügen, die Chance, die Revision vereinzelter Maßnahmen zu erzwingen. Derart indirekt an der Willensfindung und Willensbildung der Firmenleitungen beteiligt, üben deren von der Mitbestimmung ausgeschlossene Kontrahenten doch Aufsichtsfunktionen aus.

Obgleich die Verhältnisse in Westdeutschland nicht durchwegs nach dem pluralistischen Muster eingerichtet sind, gilt doch, daß durch die Etablierung von Gegenmächten gegenüber den Inhabern ursprünglicher Herrschaftspositionen, und nicht allein durch die demokratische Verfassungsnorm der individuelle Freiheitsspielraum erweitert worden

[14] So der Terminus von *D. Riesman.* Vgl. Die Einsame Masse, Hamburg 1958. S. 220 und 225 ff.

ist. Insofern stellt selbst der unvollständige Pluralismus einen Fortschritt dar. Zumal die Organisationen der ökonomisch und sozial schwachen Gruppen tragen zur Realisierung formaler Freiheitsrechte bei, die die Subjekte als je einzelne nicht wahrzunehmen vermöchten. Sie haben durch Eindämmung von Staats- und Unternehmensmacht bewirkt, daß die materielle Not der Vielen und ihre soziale Rechtlosigkeit weitgehend überwunden wurden. Gewiß ist dieser Fortschritt nicht ausschließlich ihr Verdienst, hat erst das Wachstum des Sozialprodukts die objektiven Voraussetzungen geschaffen, unter denen die Majorität aus der wirtschaftlichen Not befreit werden konnte. Die tatsächliche Befreiung wurde jedoch nicht selbsttätig, allein durch die Steigerung des nationalen Reichtums herbeigeführt. Wesentlich ist sie der Aktivität von Zweckverbänden unterprivilegierter Schichten zu verdanken. Soweit diese Verbände die materiellen Voraussetzungen für die Ausweitung rechtlich-formaler zu substanzieller Freiheit sichern und sie zugleich abschirmen gegen öffentliche und private Macht, tragen sie dazu bei, die Freiheitschancen der Individuen zu verbessern.

So unentbehrlich die Organisationen sind, wird freilich nicht nur der Einfluß der jeweils entgegenstehenden Interessen, sondern auch die Freiheit der Beschützten durch die Beschützer beschränkt. Die Organisation, der der Schwache Freiheit verdankt, ist zugleich eine Bedingung seiner Unfreiheit. Wenn Freiheit die Chance einschließt, an der Gestaltung der wirtschaftlichen, sozialen und politischen Bedingungen der eigenen Existenz tätig teilzuhaben, dann sind die von Verbänden Befreiten nicht frei. Vielmehr tritt die von ihnen getragene und unterhaltene Organisation notwendig als eine ihrer Einwirkung weitgehend entzogene, fremde Gewalt ihnen entgegen.[15]

Jede Organisation ist »ein bewußt geschaffener und gesteuerter Zweckverband ... Als solcher unterscheidet er sich ebenso von naturwüchsigen Gruppen, etwa dem Stamm oder der Familie, wie umgekehrt von dem ungeplanten Ganzen des gesellschaftlichen Prozesses. Wesentlich ist die Zweckrationalität. Eine Gruppe also, die auf den Namen Organisation Anspruch hat, ist so geartet, daß der Zweck, um dessentwillen sie existiert, sich möglichst vollkommen und mit dem relativ geringsten Kräfteaufwand erreichen läßt. Die Beschaffenheit derjenigen, aus denen die Organisation sich bildet, tritt in deren Anlage zurück hinter der Zweckdienlichkeit des Ganzen.«[16] Der Zweck

[15] In diesem Sinn auch *M. Teschner*, Entwicklung eines Interessenverbandes. Ein empirischer Beitrag zum Problem der Verselbständigung von Massenorganisationen, Diss. Frankfurt a. M. 1961. S. 104.

[16] *Th. W. Adorno*, Vortrag anläßlich des Darmstädter Gesprächs 1953, in: Individuum und Organisation, Darmstadt 1954. S. 22 f. Vgl. auch *Adorno*, Kultur und Verwaltung, in: Sociologica II. (Frankfurter Beiträge zur Soziologie. Bd. 10.) Frankfurt a. M. 1962.

jeder Massenorganisation – und naturgemäß sind zumal die Verbände der schwächeren Gruppen Massenorganisationen – verlangt, daß sie sich bürokratisiert.[17] Mit Staats- und Unternehmensbürokratien konfrontiert, kann sie ihre Ziele nur erreichen, wenn sie sich ebenfalls in die bürokratische Form fügt. Das aber bedeutet, daß sie zur Hierarchie wird. In jedem bürokratischen Verband – das hat Max Weber dargelegt[18] – sind Kompetenzen und Befehlsgewalten hierarchisch nach einem festen System von Überordnung und Unterordnung bei Beaufsichtigung der unteren durch die oberen Ränge gestuft. Diese, die hierarchische Struktur schließt die unmittelbare Mitbestimmung der Vielen aus. Vor allem in bürokratisierten Kampfverbänden, in Interessentenorganisationen wie in politischen Parteien, setzt leicht sich durch, was Michels in polemischer Überspitzung das »eherne Gesetz der Oligarchienbildung« nannte[19]: die Übertragung zentraler Entscheidungsbefugnisse an ein mehr oder minder autoritär verfahrendes Führungsgremium. Nur filtriert durch das engmaschige Instanzensieb dringen Mitgliederwünsche bis zu dieser Spitze durch. Kann auch die Führungsgruppe den Willen der durch sie Vertretenen nicht völlig ignorieren, ist deren Chance, die Spitze zu beeinflussen, doch gering.

Nicht nur als Mitglied von Organisationen, das außerhalb der administrativen Hierarchie verbleibt, sondern auch dort, wo er der Apparatur unmittelbar zugehört, wird der einzelne von ihr bestimmt. In der Regel muß zumal der Funktionär niederen Ranges den Bedürfnissen der bürokratischen Maschinerie sich fügen. Anpassung gebieten die bürokratischen Strukturen schließlich der großen Mehrheit aller Arbeitenden, die in Behörden und Unternehmungen beschäftigt sind. Ob es auch organisierten Gegenmächten gelungen ist, die Macht dieser Einheiten zu limitieren, bleiben die in ihnen tätigen Personen doch Unterworfene der administrativen Apparatur. Am Arbeitsplatz angehalten zur Adaption, von nur geringem Einfluß in der Organisation, Gegenstand von objektiven Prozessen und von Beschlüssen der Oligarchien, ist der einzelne nicht wirklich frei. Die bürokratischen Gebilde, denen er die Überwindung der Armut und die Gewährung demokratischer Rechte verdankt, halten ihn notwendig in Unfreiheit.

Die Entfaltung pluralistischer Muster hat die alte sozialistische Vision einer fortschreitenden Entdifferenzierung der Gruppenstruktur der bürgerlichen Gesellschaft widerlegt. Ebensowenig wurde jedoch die etwa von Spencer formulierte Erwartung zunehmender sozialer Diffe-

[17] *M. Weber,* Wirtschaft und Gesellschaft a.a.O., S. 128.
[18] a.a.O., S. 559 f.
[19] *R. Michels,* Soziologie des Parteiwesens. Neudruck der 2. Aufl. (von 1925). Hrsg. von *W. Conze,* Stuttgart o. J., S. 13.

renzierung bestätigt.[20] Obwohl die Macht aufgesplittert ist unter eine Vielzahl konkurrierender Gruppen, ist der Pluralismus gegenüber den *objektiven* Entwicklungstendenzen der Gesellschaft letztlich nur Schein. Fortschreitende, tendenziell auf alle Länder übergreifende Industrialisierung; zunehmende ökonomische und politische Konzentration; schließlich die unaufhaltsame Ausweitung bürokratischer Verwaltung bedingen nicht Vielfalt, sondern Nivellierung. Statt zu Mannigfaltigkeit und Individuierung, tendiert das Ganze zur Angleichung der Gruppen, zur Standardisierung der Subjekte. Diese Entwicklung wird gefördert durch die Konsolidierung des sowjetischen Systems, auf die das bürgerliche reagiert durch repressive Integration. Je stärker die Vereinheitlichung der Gesellschaft anwächst, desto geringer wird die Chance zur Entfaltung von spezifisch Individuellem, desto mehr treten die qualitativen Differenzen zurück gegenüber dem Uniformen. Angesichts dieser Entwicklung ist die Rede vom Pluralismus auch Ideologie, die die Funktion hat, die Individuen über den zunehmenden Druck der Vergesellschaftung sowohl zu täuschen als zu trösten.

[20] Zum Folgenden vgl. Soziologische Exkurse. (Frankfurter Beiträge zur Soziologie. Bd. 4.) Frankfurt a. M. 1956, S. 34 ff.; *Adorno*, Kultur und Verwaltung a.a.O.

Zur Stabilität demokratischer Institutionen in der Bundesrepublik

In den 17 Jahren seit ihrer Errichtung hat die Bundesrepublik keine Krisen erlebt, die die Position einer Machtelite oder die materielle Wohlfahrt und die persönliche Sicherheit der Vielen ernstlich gefährdet hätten. Weder kam es zu wirtschaftlichen Rezessionen mit der beträchtlichen Arbeitslosigkeit, die in den Vereinigten Staaten seit Kriegsende wiederholt aufgetreten ist, noch gab es heftige industrielle Konflikte. Auch bürgerkriegsähnliche Kämpfe wie die zwischen Anhängern und Gegnern der Negeremanzipation in den USA blieben uns erspart. Desgleichen akute militärische Bedrohungen und Niederlagen von der Art der französischen in Indochina und Algerien. Während die Regierungsschicht der DDR sich erst des offenen Aufstands und dann des Protests durch Abwanderung erwehren mußte, hat keine größere Gruppe die Legitimität der hiesigen Herrschaftsgruppen in Frage gestellt. Zu keinem Zeitpunkt also wurde das bestehende Gesellschafts- und Staatssystem erschüttert, weder durch äußere Krisen noch durch innere Opposition. Das bedeutet, daß auch die demokratischen Institutionen nicht ernstlich belastet worden sind. Bisher haben sie die Bewährungsprobe nicht bestanden, weil die Bewährungsprobe noch nicht gekommen ist. Was aber wird mit ihnen geschehen, wenn eines Tages auch bei uns Krisen der angedeuteten oder anderer Art die gewohnte Balance stören? – Ich glaube nicht, daß irgendeine Wissenschaft darauf zuverlässige Antworten geben kann. Weder das theoretische noch das empirische Rüstzeug der im weitesten Sinn politischen Disziplinen reicht aus, um alle für die Zukunft der Demokratie maßgeblichen nationalen und internationalen Entwicklungen zu antizipieren. Obendrein entzieht sich das in politischen Reaktionen enthaltene Moment individueller und kollektiver Spontaneität der vorausdenkenden Kalkulation. Sind Prognosen ausgeschlossen, brauchen wir uns freilich nicht jede Spekulation über den Grad der Krisenfestigkeit unserer politischen Verfassung zu verbieten. Ich will zu dieser Problematik – der Krisenfestigkeit oder Stabilität des bestehenden politischen Systems – einige Hypothesen formulieren; sie beziehen sich auf das subjektive Verhältnis zur Demokratie.

Konjunkturrückschläge, militärische Verwicklungen und außenpolitische Niederlagen sind nicht an sich schon lebensgefährlich für die demokratische Verfassung. Sie werden es erst, wenn die politische Urteilsfähigkeit und das demokratische Engagement gering entwickelt und die Bürger daher für autoritäre Lösungsvorschläge anfällig sind. Solange sich Machteliten und viele Beherrschte nicht oder nur oberflächlich mit der Demokratie identifizieren, so lange ist diese instabil. Die Gefahr bleibt dann akut, daß mächtige Minderheiten zur Krisenüberwindung antidemokratische Programme anbieten und daß breite Schichten sich dafür mobilisieren lassen. Umgekehrt besteht gute Aussicht, daß äußere Krisen oder wirtschaftliche Erschütterungen nicht auch zu Krisen der politischen Einrichtungen werden, wenn die Demokratie im Bewußtsein der Bürger fest verankert ist. Wo die Menschen sie als ihre eigene Sache begreifen, da ist sie wirklich stabil. Wie verhält es sich mit dieser Stabilität in der Bundesrepublik? Wie zuverlässig ist hier das demokratische Engagement?

Ginge es bei der politischen Urteilsbildung mit rationalen Dingen zu, so wäre die Erwartung berechtigt, die Westdeutschen hätten sich dank der Erfahrung mit dem Nationalsozialismus und durch die Beobachtung des Autoritarismus in der DDR ein für allemal zu soliden Demokraten entwickelt, mißtrauisch gegen jede Macht, wachsam auch gegenüber den nicht durch Wahl legitimierten Herrschern, aufmerksame Beobachter der Politik und stets bereit, Verstöße gegen die demokratischen Prinzipien durch Protestaktionen zu ahnden. Gerade weil sie schon einmal schrecklich betrogen worden sind, müßten sie – so könnte man folgern – aus der Erkenntnis des eigenen Versagens die informierte und handlungsbereite Entschiedenheit gewinnen, sich nicht wieder überrumpeln zu lassen und die Demokratie um jeden Preis zu verteidigen – gegen Feinde im Inneren nicht anders als nach außen. Diese Haltung, nach Maßgabe des Kollektivinteresses die einzig rationale, ist jedoch ganz atypisch. Statt politischer Vernunft überwiegen Indifferenz und Ahnungslosigkeit gegenüber der Politik, vage und daher unzuverlässige Zustimmung zu den bestehenden Formen politischer Demokratie und Abneigung gegen politisches Handeln. Das zeigt jede empirische Untersuchung über das politische Bewußtsein. Ich will die wichtigsten Befunde daraus wiedergeben. Dabei beschränke ich mich auf Ergebnisse über den Grad des politischen Interesses, den Stand der Kenntnisse über Politik und die Einstellung zur Demokratie.[1]

[1] Die im folgenden verarbeiteten Materialien sind entnommen aus: *Habermas, Friedeburg, Oehler, Weltz,* Student und Politik. Eine soziologische Untersuchung zum politischen Bewußtsein Frankfurter Studenten, Neuwied 1961; *Manfred Teschner,* Politische Bildung an höheren Schulen, in: Zeugnisse. Theodor W. Adorno zum sechzigsten Geburtstag, im Auftrag d. Instituts f. Sozialforschung hrsg. v. *Max Horkheimer,* Frankfurt/M. 1963; *Wolfgang Hartenstein* u. *Günter Schubert,* Mitlaufen oder Mitbestimmen. Untersuchungen zum demokratischen Bewußtsein und zur politischen Tradition, Veröffentlichungen d. Instituts f. angewandte Sozialwissenschaft Bad Godesberg, Bd. 2, Frankfurt/M. 1961; Frau und Öffentlichkeit, ifas report, hrsg. v. Institut f. angewandte Sozialwissenschaft Bad Godesberg, Frankfurt/M. 1965; Jahrbuch

Das Interesse an Politik, eine notwendige, wenn auch keine zureichende Bedingung demokratischen Engagements, ist gering. Nach ihren eigenen Angaben beschäftigen sich Erwachsene und Jugendliche nicht oder wenig mit den öffentlichen Geschehnissen, nur ein Drittel der Gesamtheit erklärt sich für interessiert, ein Drittel für ganz indifferent, das dazwischen liegende Drittel für lau. Diese Gleichgültigkeit läßt bereits vermuten, daß die Mehrheit auch nur unzulängliche Kenntnisse über politische Institutionen und aktuelle Ereignisse besitzt und damit die zweite Bedingung zuverlässigen demokratischen Bewußtseins ebenfalls nicht erfüllt. Mindestens zwei Drittel beherrschen nicht einmal das kleine Einmaleins der Politik. Weder können sie genau angeben, welche Parteien die Bundesregierung bilden, noch wissen sie, welche im Bundestag vertreten sind. Das wirft Licht auf die Bedeutung der hohen Wahlbeteiligung. Diese kann nicht Ausdruck demokratischer Reife sein, wenn viele Wähler die Konsequenzen ihres Votums kaum notieren. Auch mit der Arbeit des Parlaments, das doch der Idee nach in ihrem Auftrag handelt, sind die meisten nicht vertraut. Etwa 60 Prozent halten es für möglich, daß die Regierung auch unter der bestehenden Verfassung selber Gesetze macht, und nur wenige haben zutreffende Vorstellungen von den Aufgaben des Bundestags. Noch dürftiger sind die Kenntnisse über das politische Tagesgeschehen. Stellvertretend für viele gleichlautende Befunde zitiere ich die einer Untersuchung, die im Sommer 1957 mit einer repräsentativen Auswahl Frankfurter Studenten durchgeführt worden ist.[2] Zum Zeitpunkt der Erhebung standen drei Themen im Mittelpunkt der öffentlichen Diskussion: Konjunktur-

der öffentlichen Meinung 1947–1955, hrsg. v. *Elisabeth Noelle* u. *Erich Peter Neumann*, 2. durchges. Aufl. Allensbach am Bodensee 1956; dieselben, Jahrbuch der öffentlichen Meinung 1957, Allensbach 1957; dieselben, Jahrbuch der öffentlichen Meinung 1958–1964, Allensbach u. Bonn 1965; *Gerhard Schmidtchen*, Die befragte Nation. Über den Einfluß der Meinungsforschung auf die Politik, Freiburg 1959; *Erich Peter Neumann* u. *Elisabeth Noelle*, Antworten. Politik im Kräftefeld der öffentlichen Meinung, Allensbach 1954; *Rudolf Raasch*, Zeitgeschichte und Nationalbewußtsein. Forschungsergebnisse zu Fragen der politischen und allgemeinen Erziehung, Forschungsbericht aus dem Deutschen Institut f. Internationale Pädagogische Forschung, Berlin u. Neuwied 1964; zwei bisher nicht veröffentlichte repräsentative Erhebungen d. Instituts f. Sozialforschung Frankfurt/M. über Reaktionen der Bevölkerung auf die »Spiegelaffäre« und den Metallarbeiter-Streik in Baden-Württemberg; *Hannah Vogt*, Was interessiert die Frauen an der Politik? Rundfunkmanuskript, Hessischer Rundfunk, Frauenfunk, Sendung vom 11. 9. 1965; *Katja Berkemeyer*, Mädchen, junge Frauen und die Politik, Rundfunkmanuskript, Hessischer Rundfunk, Frauenfunk, Sendung vom 4. 9. 1965.

Die Kategorien der Darstellung entnehme ich einem Referat, das *Manfred Teschner* in einer von ihm und mir gemeinsam abgehaltenen Übung in Frankfurt/M. (Wintersemester 1964/65) vorgetragen hat.

[2] *Habermas* et al., Student und Politik, a.a.O., S. 65.

politik, Sozialreform mit dem Plan einer dynamischen Rente und Hochschulreform. Über Konjunkturpolitik und dynamische Rente konnten ungefähr je ein Drittel, über Hochschulreform nur ein Viertel der Studierenden richtige Angaben machen. – Nach den Ergebnissen anderer Studien liegt der Rekord an Ahnungslosigkeit bei den Frauen, also bei der Mehrheit der Wähler.[3] Als die Suezkrise die Gemüter erhitzte, wußten 47 % nicht, wo der Suezkanal liegt; als die Gründung der Montanunion und des Europarates Tagesgespräch waren, hatten über 60 % nichts davon gehört. Die Beispiele genügen, um zu illustrieren, was durch zahlreiche Erhebungen erhärtet ist, daß nämlich die Mehrheit aller Schichten nicht über das Wissen verfügt, das nötig wäre, um Sinn und Prozeß der Demokratie zu verstehen.

Während die meisten Westdeutschen der Politik gleichgültig und ignorant gegenüberstehen, wenden sie sich doch nicht gegen die Demokratie. Charakteristisch scheint eher die oberflächliche Bejahung. Nicht nur stimmen etwa 95 % für die demokratischen Parteien. Vielmehr bekunden sie auch in Umfragen vage Sympathien mit dem gegenwärtigen politischen System. Die Mehrheit sagt, wir brauchten ein Parlament. Drei Viertel glauben, das Land fahre besser, wenn es mehrere Parteien hat. Knapp die Hälfte will die Befugnisse der Regierung selbst in Krisenzeiten so weit wie möglich beschränken. Mißtrauen gegenüber Machthabern verrät auch die Bevorzugung einer Kollegialregierung. 60 % stimmen ihr zu, 20 % äußern keine Meinung, ein Fünftel bevorzugt den Führerstaat. Wahrscheinlich will jedoch der größere Teil auch dieses Kreises nicht die Beseitigung der Demokratie. TESCHNER hat darauf aufmerksam gemacht, daß viele Personen eher aus Hilflosigkeit als aus Überzeugung autoritär reagieren. Sie sind politisch völlig inkompetent und halten sich deshalb an die scheinbar einfacheren Kategorien.

Umfrageergebnisse vermitteln gewiß nur eine unvollkommene Vorstellung von politischen Einstellungen. Um diese differenzierter zu bestimmen, sind weitere Untersuchungen, namentlich auch solche über schichtspezifische Unterschiede, nötig. Nichts berechtigt freilich zu der Annahme, sie würden die bisherigen Befunde widerlegen. Diese zeigen ganz klar, daß viele Menschen sich nicht mit der Demokratie identifizieren. Wohl fehlen die aktiven Antidemokraten: das ist ein Moment der Überlegenheit Westdeutschlands über die Weimarer Republik. Es fehlen aber auch die militanten Demokraten. Nur kleine Minderheiten sind nach ihrer eigenen Aussage bereit, das Grundgesetz zu verteidigen. Die Mehrheit lehnt jede über die Stimmabgabe hinausgehende Aktivität ab. Im ganzen überwiegt die Neigung, sich herauszuhalten. Damit

[3] *Vogt,* Was interessiert die Frauen an der Politik? a.a.O.

bestätigt sich das Urteil von ADORNO: »Soviel wird man sagen können, daß das System politischer Demokratie zwar in Deutschland als das akzeptiert wird, was in Amerika a working proposition heißt, als ein Funktionierendes, das bis jetzt Prosperität gestattete oder gar förderte. Aber Demokratie hat nicht derart sich eingebürgert, daß sie die Menschen wirklich als ihre eigene Sache erfahren, sich selbst als Subjekte der politischen Prozesse wissen. Sie wird als ein System unter anderen empfunden, so wie wenn man auf einer Musterkarte die Wahl hätte zwischen Kommunismus, Demokratie, Faschismus, Monarchie, nicht aber als identisch mit dem Volk selber, als Ausdruck seiner Mündigkeit. Sie wird eingeschätzt nach dem Erfolg oder Mißerfolg, an dem dann auch die einzelnen Interessen partizipieren, aber nicht als Einheit des eigenen Interesses mit dem Gesamtinteresse ...«[4]

Wenn die Masse der Beherrschten zu wenig aufgeklärt ist, um immun zu sein gegen totalitäre Verheißungen, gewinnen die Verhaltensbereitschaften der gesellschaftlichen Führungsgruppen zusätzliche Bedeutung. Stärker als in einem politisch kompetenten Volk hängen die Überlebenschancen der demokratischen Einrichtungen dann vom Verhalten der Machteliten ab. Regierung und Parlament, die Ministerialbürokratien, die Oligarchien der Parteien und der großen Interessenorganisationen, die maßgeblichen Gremien von Polizei und Militär sowie die Entscheidungsgruppen in den Medien der Massenkommunikation, schließlich die Justiz und die Hochschulen befinden dann über den Bestand der Demokratie. Wo sie den Gegnern der Verfassung die materiellen und die moralischen Hilfen verweigern, setzen sich jene auch in Notsituationen nicht durch. Umgekehrt haben autoritäre Organisationen leichtes Spiel, wenn sie die stärksten Machteliten für sich gewinnen. Dann ist das Schicksal der Demokratie schon beim Ausbruch einer Krise besiegelt.

Über die politischen Einstellungen der westdeutschen Führungsgruppen liegen keine größeren Erhebungen vor. Sofern wir nicht überhaupt darauf verzichten wollen, ihr politisches Bewußtsein zu analysieren, sind wir daher auf die »klassischen« (das heißt auch: die zumindest partiell überholten) Verfahren der Soziologie, auf die Ableitung der Denk- und Verhaltensweisen von der sozialen Lage, angewiesen. Die soziale Lage definiert sich hier durch die spezifischen Traditionen, die soziale Herkunft und die positionsbedingten Interessen. Der Schluß von diesen Gegebenheiten, so viele Fehlerquellen er enthält, erlaubt wenigstens hypothetische Aussagen über das Bewußtsein. Dabei ist entscheidend, welche Vorstellung von Demokratie die soziale Lage nahelegt, ob sie für den konsequenten oder eher für einen elitär-autoritären

[4] *Theodor W. Adorno,* Eingriffe, Edition Suhrkamp 10, Frankfurt/M. 1963, S. 130.

Demokratiebegriff wirbt. Der konsequente Demokratiebegriff macht Ernst mit dem Prinzip der Volkssouveränität; er zielt auf politische Gleichheit, Mündigkeit und Selbstbestimmung der Vielen. Gemäß diesem Begriff meint Demokratie, in den Worten von HABERMAS, daß »mündige Bürger unter den Bedingungen einer politisch fungierenden Öffentlichkeit, durch einsichtige Delegation ihres Willens und durch wirksame Kontrolle seiner Ausführung die Einrichtung des gesellschaftlichen Lebens selber in die Hand nehmen«.[5] Nur wer dieses Konzept adoptiert, dürfte auch in Krisensituationen wirklich gefeit sein gegen die Anfechtungen autoritärer Programme. Mögen die Verteidiger anderer, konservativer Auffassungen von Demokratie jede Form des Totalitarismus ebenfalls nachdrücklich befehden, enthält ihr Denken doch keine *Garantie* gegen Kompromisse mit autoritären Plänen für die Überwindung ernsterer Konflikte. – Ich will versuchen, die soziale Lage von zwei Führungsgruppen, der Ministerialbürokratie des Bundes und der Leiter großer Unternehmungen, im Hinblick auf ihren wahrscheinlichen Einfluß auf die politische Mentalität zu analysieren.

Wie alle anderen westdeutschen Herrschaftsgruppen mit Ausnahme der Oligarchien von Gewerkschaften und SPD hat die hohe Verwaltungsbürokratie keine demokratische Standestradition. Im Gegenteil: die meisten Beamten betätigen sich statt als Verteidiger als Totengräber der ersten deutschen Demokratie. Sie folgten damit einer Tradition der Parteinahme für ein autoritäres bürgerliches System, die schon vor dem Ersten Weltkrieg fest verwurzelt und durch die Beseitigung der Monarchie nicht erschüttert worden war. So alt diese Überlieferungen sind, besitzen sie jedoch keine autonome, noch die heutigen Einstellungen und das heutige Verhalten *determinierende* Gewalt. Wahrscheinlich ist, daß mit der Katastrophe von 1945 ihr Bann zerbrach. Obwohl ein hoher Prozentsatz der obersten Beamten schon unterm Nationalsozialismus die gleichen oder ähnliche Stellen innehatte, akzeptieren sie den neuen politischen und gesellschaftlichen *Status quo* und sind insofern loyaler als ihre Vorgänger in der Weimarer Republik. Diese Loyalität, fraglos ein Fortschritt, involviert jedoch nicht ohne weiteres Loyalität auch gegenüber dem konsequenten Prinzip der Demokratie. *Solche* Loyalität dürfte selten sein, weil ja die Bejahung des neuen Zustands häufiger Anpassung an veränderte Umstände als Ergebnis eines Aufbegehrens gegen den Totalitarismus war. Da die Ministerialbürokratie überdies eine hohe soziale Kontinuität aufweist und da die Berufsrollen ebenfalls zu elitären Einstellungen verführen, hat die Standestradition ihren Einfluß wahrscheinlich doch nicht ganz verloren. In der Kombination mit anderen, gleich zu schildernden Momenten behält sie

[5] *Habermas*, Einleitung zu Student und Politik, a.a.O., S. 16.

weiterhin Bedeutung als eine die *entschiedene* demokratische Identifikation versperrende Kraft.

Bis auf eine sehr kleine Minderheit (5%) entstammen die Mitglieder der Verwaltungselite des Bundes den Schichten[6], die in Deutschland seit dem Kaiserreich mehr Gegner als Befürworter einer demokratischen Verfassung stellten, dem Kleinbürgertum und der Oberschicht. Nahezu die Hälfte wuchs bereits in Beamtenfamilien auf. Ohne die politischen Haltungen ein für allemal festzulegen, begünstigt diese Kontinuität die Ausbildung konservativer und das heißt in Deutschland regelmäßig nichtdemokratischer politischer Mentalitäten. Ähnliche Verhaltensprägungen gehen von den Berufsrollen aus. Die hierarchische Struktur der Bürokratie, die Normierung der Dienstbeziehungen zwischen den Amtsinhabern sowie zwischen Amtsinhabern und Außenseitern, die Bindung der Dienstentscheidungen an mehr oder minder starre Regeln, schließlich die Abhängigkeit der Karriere von der Befolgung der Vorschriften, alle diese für das Funktionieren bürokratischer Verwaltung unentbehrlichen Reglementierungen nähren das Ordnungsdenken, die Regeltreue, die Bejahung einer hierarchischen Verfassung auch der außerbürokratischen Welt. Wenn es überhaupt eine Rückwirkung der Berufsstruktur auf die Persönlichkeitsstruktur und einen Einfluß der Persönlichkeitsstruktur auf die politische Einstellung gibt, dann erzeugt die Bürokratie häufiger Illiberalität als Bejahung des demokratischen Prinzips. Das ist in der Bundesrepublik um so eher anzunehmen, als hier die typische Ausbildung, das Jurastudium, die konservative Tendenz weiter verstärkt. DAHRENDORF hat eine Ursache dafür herausgearbeitet: »Das Recht ist der Inbegriff der in einer Gesellschaft geltenden, also herrschenden Normen, die Inkarnation des Status quo. Wer es, in welcher Position auch immer, verwaltet, ist daher an den Status quo der sozialen und politischen Verhältnisse gekettet. Ein gewisser Konservatismus ist also nicht Idiosynkrasie, gar Schuld der Juristen, sondern notwendiger Teil ihrer Rolle in der Gesellschaft ... eine Rolle, in der Kritik weniger gilt als Loyalität, Originalität weniger als Traditionsbewußtsein, Phantasie weniger als Kenntnis des geltenden Rechtssystems.«[7] Kommt hinzu, daß die personelle Besetzung juristischer Lehrstühle in Deutschland mindestens bis nach dem Zweiten Weltkrieg wahrscheinlich noch weiter dazu beigetra-

[6] *Wolfgang Zapf*, Die Verwalter der Macht. Materialien zum Sozialprofil der höheren Beamtenschaft, in: Beiträge zur Analyse der deutschen Oberschicht, bearb. u. hrsg. v. *W. Zapf*, München 1965; vgl. auch *W. Zapf*, Wandlungen der deutschen Elite. Ein Zirkulationsmodell deutscher Führungsgruppen 1919–1961, München 1965.

[7] *Ralf Dahrendorf*, Gesellschaft und Demokratie in Deutschland, München 1965, S. 267.

gen hat, die der Studienmaterie immanenten konservativen Suggestionen zu intensivieren.

In der sozialen Situation der hohen Verwaltungsbeamten kumulieren sich demnach die Momente, die Parteinahme für den konsequenten Demokratiebegriff wenig wahrscheinlich machen: die Herkunft aus Mittel- und Oberschicht, die Erziehung in Beamtenfamilien, Ausbildung, Berufsrolle, antidemokratische Standestradition. Wohl wäre es falsch, diese Umstände als Zwänge zu interpretieren, die unwiderstehlich bestimmte politische Haltungen erzeugen. Ebenso leichtfertig ist es jedoch, sie zu ignorieren. Verschiedene Vorkommnisse der letzten Jahre bestätigen ihre Bedeutung mehr, als daß sie sie widerlegen – ich erinnere nur an die sogenannten Affären: die Besetzung der Spiegel-Redaktion, die Abhöraffäre, die angeblichen Schubladengesetze im Innenministerium, oder an ein Beispiel aus den Gießener Erfahrungen dieser Wochen: die Unterstützung einer rechtsradikalen Studentenzeitschrift durch große Annoncen der Bundespost. Solange solche Aktionen bei der hohen Bürokratie nicht auf geschlossenen Widerstand stoßen, besteht die Vermutung zu Recht, daß die sozialen Einflüsse, denen sie unterliegt, keine festere Bindung an die Demokratie bewirken als die, die für die Mehrheit der Bevölkerung charakteristisch ist.

Über die politischen Tendenzen in den wirtschaftlichen Machteliten liegen widersprüchliche Thesen vor. Sie reichen von der Annahme, kontrollierende Eigentümer und kontrollierende Angestellte großer Unternehmen seien ebenso wie ihre Wortführer in den Verbänden grundsätzlich unversöhnliche Gegner der politischen Demokratie, bis zu der Vermutung, sie bildeten eine zuverlässige Macht, auch in Krisen imstande und bereit, autoritären Ansinnen zu widerstehen. Letztlich kann diese Kontroverse nur durch empirische Bewußtseinsstudien entschieden werden. Solche Untersuchungen sind rar. Das ist ein Sachverhalt, der selber der Erklärung bedarf. Ob er daraus resultiert, daß Unternehmensleiter alle Publizität scheuen, die nicht von ihnen gesteuert wird, ob er zurückgeht auf ein genuines Versagen der Soziologen oder ob auf die Aura der Manager, die den Plan einer Untersuchung unterdrückt, noch ehe er gedacht wird, das Resultat ist das gleiche: Mangel an Daten über die subjektiven politischen Dispositionen. Das zwingt uns, ebenso zu verfahren wie bei der Überlegung über die Ministerialbürokratie, nämlich das Bewußtsein von der sozialen Lage zu deduzieren.

Wie die Herkunftsmuster der hohen Beamten spiegeln die der wirtschaftlichen Kontrollgruppen die traditionalistischen Züge der westdeutschen Gesellschaft: die überwiegende Mehrheit stammt aus der Ober- und der Mittelschicht, hat höhere Schulen, danach Universitäten und Technische Hochschulen besucht, die Karriere bereits in der Wirtschaft begonnen und die Spitzenstellung erst in vorgerückten Jahren erreicht.[8] Durchgehend haben wir es demnach mit Personen zu tun, die von früh an unter den Einfluß nicht-demokratischer Denkweisen gerieten, im Elternhaus und in den Schulen. Schwerlich hat die Ausbildung diese Einflüsse neutralisiert. Die meisten haben Fächer studiert, die entweder wie die Jurisprudenz konservative Einstellungen begünstigen oder wie Naturwissenschaften und technische Disziplinen *vor* der Entwicklung der Atombombe wenig Anstöße zu politischer Reflexion gaben oder – der Fall der Wirtschaftswissenschaften – aufgeklärte politische Kritik bestenfalls geduldet haben. Da die deutschen Hochschulen und Universitäten zumindest in der Studienzeit der heute Arrivierten keine Heimstätten demokratischen Geistes gewesen sind, ist kaum anzunehmen, sie hätten aus den Abkömmlingen autoritär gesinnter Elternhäuser und den Absolventen autoritärer Lernschulen typischerweise passionierte Demokraten gemacht. Überdies sind die wirtschaftlichen Machteliten bei uns im Gegensatz zu denen der angelsächsischen Demokratien nicht durch liberale Traditionen gebunden. Hinter ihnen liegt eine Vergangenheit, die schon lange vor Hitler autoritär gewesen ist. Davon haben sie sich wie die hohe Beamtenschaft nicht durch freie Einsicht, sondern unterm Druck der gewandelten Verhältnisse gelöst.

Die Herkunft aus traditionell gegendemokratischen Schichten und die antidemokratische Vergangenheit des Berufskollektivs hätten vielleicht geringe Bedeutung, würden ihre Wirkungen nicht durch die spezifischen Interessen unterstützt, die sich aus den Positionen an der Spitze großer Unternehmungen ergeben. Die Inhaber dieser Positionen sind hoch dotiert, genießen hohes Prestige und haben faktisch keine Instanz über sich, die sie zur Rechenschaft zwingen oder bindende Anweisungen geben kann. Keine Gruppe innerhalb oder außerhalb des Unternehmens hat ein verbrieftes Recht, die Entscheidungen in den obersten Rängen direkt zu beeinflussen. Das gilt mit geringen Einschränkungen auch für die Mitbestimmungsunternehmen der Montanindustrie. Wie alle andern sind sie autoritär verfaßt. Sie unterliegen nicht den Kontrollen von unten und von außen, die im Handlungsbereich der Staatsgewalt wenigstens *de jure* vorgesehen sind, und bilden insofern Fremdkörper in der Demokratie. Da den Leitern dieser Gebilde fraglos daran liegt, sowohl die gegenwärtige Unabhängigkeit

[8] Die Angaben stammen aus einer noch unveröffentlichten Untersuchung, die 1964/65 von *Karl W. Boetticher* und mir in dreizehn Großunternehmen der Bundesrepublik durchgeführt worden ist. Sie stimmen im wesentlichen überein mit den Ergebnissen von *W. Zapf*, Die deutschen Manager, Sozialprofil und Karriereweg, in: Beiträge zur Analyse der deutschen Oberschicht, a.a.O. (Die zuerst genannte Untersuchung ist inzwischen erschienen: *Helge Pross* und *Karl W. Boetticher*, Manager des Kapitalismus. Untersuchung über leitende Angestellte in Großunternehmen, Frankfurt/M. 1971.)

als auch die übrigen Privilegien zu bewahren, müssen sie jeden Anspruch abwehren, der ihre Verfügungsfreiheit limitiert. Ihr wohlverstandenes Interesse gebietet generell Widerstand gegen die demokratischen Prinzipien der öffentlichen Aufsicht und des Mitspracherechts jener, die von ihren Entscheidungen betroffen sind; Widerstand auch gegen eine Übertragung der in die demokratischen Verfassungen eingegangenen Doktrin, daß der bloße Erfolg – hier der Markterfolg – nicht genügt, um Machtausübung zu legitimieren. Welches Verhalten immer das an die Position geknüpfte Interesse im einzelnen vorzeichnen mag, Engagement an den konsequenten Demokratiebegriff suggeriert es nicht. Damit bleibt auch hier nur der Schluß, daß die wirtschaftlichen Machteliten so wenig zuverlässige Hüter der demokratischen Verfassung sind wie die meisten Nicht-Privilegierten und die Ministerialbürokratie im Bund.

Um ein vollständigeres Bild vom politischen Bewußtsein in der Bundesrepublik zu gewinnen, müßten wir sämtliche Herrschaftsgruppen untersuchen. Dafür reicht jedoch die Zeit nicht aus, und obendrein mangelt es an Vorarbeiten. Statt die Darstellung fortzusetzen, will ich die Frage aufnehmen, wie sich denn der geringe Grad demokratischen Engagements erklärt. Dabei beschränke ich mich auf die Beherrschten und gehe auf die Führungsgruppen nicht mehr ein.

Die Schwäche der Bindung an die Demokratie mag zunächst den Erwartungen nicht entsprechen, weil ja *objektiv* das eigene Interesse von jedem, vor allem vom sog. einfachen Bürger entschiedene Parteinahme für sie verlangt. Nur unter einer demokratischen politischen Ordnung hat er die Chance, das zu erreichen, worin er sein Glück erblickt, die ungestörte Privatexistenz, Freizeit ohne Weisungen von Regierung oder Partei, eigenmächtige Verfügung über das freie Geld. Dieser privatistische Glücksbegriff scheint in der Diktatur nicht oder nur sehr schwer realisierbar. Das hängt zusammen mit Tendenzen, die, wie FRANZ NEUMANN herausgearbeitet hat, allen nicht-demokratischen Systemen in industriellen Gesellschaften innewohnen.[9] In der entwickelten Industriegesellschaft kann sich eine autoritäre Regierung nicht damit begnügen, lediglich die traditionellen Machtmittel, Armee, Polizei, Bürokratie und Justiz, zu monopolisieren. Sie ist darüber hinaus gezwungen, auch die Produktionseinheiten, die Medien der Massenkommunikation, Bildung und Erziehung sowie die sog. Freizeitbeschäf-

[9] *Franz Neumann*, Notes on the Theory of Dictatorship, in: *Neumann*, The Democratic and the Authoritarian State. Essays in Political and Legal Theory, hrsg. v. *Herbert Marcuse*, Glencoe, Illinois (Free Press) 1957. (Inzwischen ist die deutsche Ausgabe erschienen: Demokratischer und autoritärer Staat. Studien zur politischen Theorie. Hrsg. und mit einem Vorwort von *Herbert Marcuse*. Eingeleitet von *Helge Pross*, Frankfurt/M. 1967.)

tigungen der Menschen direkt oder mittelbar in ihre Regie zu nehmen. Das ergibt sich aus dem doppelten Erfordernis, sowohl die Unterstützung der Massen zu gewinnen und zu halten als auch die Entstehung von Widerstandszentren zu verhindern. Beides bedingt die totale Politisierung der Gesellschaft. Sie besteht auch dort, wo die monopolistische Herrschaftsclique schließlich auf die Anwendung von physischem Terror verzichten und den funktionalen Eliten ein gewisses Maß an Verfügungsspielraum, den isolierten Individuen ein Minimum an Privatheit gewähren kann. Grundsätzlich werden diese Chancen, wenn überhaupt, so nur auf Abruf konzediert und können vergleichsweise leicht wieder zurückgezogen werden.

Das objektive persönliche Interesse, das jedem Einzelnen nachdrückliche und informierte Zustimmung zur Demokratie gebietet, die Erfahrung mit der nationalsozialistischen Herrschaft und der drastische Abschreckungsunterricht, den die benachbarte kommunistische Diktatur erteilt, haben – das zeigten die Befragungsresultate – in den Vielen keine rationale politische Haltung erzeugt. Diese Bilanz nötigt zu dem Schluß, daß die Wirkungen jener Erfahrungen und Beobachtungen von anderen Einflüssen neutralisiert worden sind. Welche Einflüsse die in Erfahrung und Interesse angelegten Möglichkeiten der Ausbildung eines demokratischen Bewußtseins unterdrücken, ist systematisch kaum untersucht. Deshalb beschränke ich mich auf zwei Momente, die sich aus der Struktur von Staat und Gesellschaft der Bundesrepublik ergeben: auf die Wirkungen, die ausgehen von der oligarchischen Organisation des politischen Gemeinwesens und von der autoritären Verfassung der Arbeitswelt. Beide stehen der Entfaltung demokratischen Engagements als kaum überwindbare Hindernisse im Weg.

Obwohl nun schon länger Bürger einer Demokratie als irgendeine vorangegangene Generation in Deutschland, haben die meisten Menschen in der Bundesrepublik doch kaum *direkte* Erfahrungen mit ihr. Die große Mehrheit erlebt Demokratie nur mittelbar als Schutz der Privatexistenz gegen die totale Politisierung und nicht als eine Ordnung, deren *Subjekte* sie sind. Sie erfahren Demokratie als Herrschaft von Oligarchien, die der Bürger in niedriger sozialer Stellung nicht zu beeinflussen vermag. Wohl legt die Majorität fest, wer schließlich die Gesetze machen kann; im übrigen aber bleiben Legislatur und Verwaltung ihrer Mitwirkung entzogen. Diese Ohnmacht des Souveräns folgt ebenso wie aus dem allgemeinen Prinzip der Repräsentation aus den besonderen Vorkehrungen des Grundgesetzes, die dem Volk rechtlich keine Handhaben lassen, »seinen Willen unmittelbar im Hinblick auf eine bestimmte Sache verbindlich auszudrücken«[10]. Indes fehlen nicht

[10] *Habermas,* Einleitung zu Student und Politik, a.a.O., S. 46.

nur die Chancen *direkter* Teilhabe, auch die Möglichkeiten indirekter Einflußnahme durch Beteiligung an der Willensbildung der Parteien sind gering. Faktisch sind die Parteien heute eher oligarchisch als demokratisch organisiert.[11] Statt von unten nach oben und unter Beteiligung aller Mitglieder und Funktionäre wird ihr Wille überwiegend von der mehr oder minder breiten Schicht der Berufspolitiker formuliert. Diese schon vor dem Ersten Weltkrieg beobachtete Oligarchisierung hat weniger mit der Anmaßung einzelner Personen als mit sachlichen Zwängen zu tun. Die Professionalität der Politik und die Bürokratisierung der Parteiapparate, die unerläßliche zentrale Steuerung der Wahlkämpfe und die Notwendigkeit, mit anderen politischen Zentralen zu kooperieren, die Finanzierung aus der Staatskasse – alles das hat die Macht der obersten Gremien außerordentlich erhöht. Einfache Mitglieder und lokale Funktionäre spielen demgegenüber kaum eine Rolle. Sie reagieren zumeist mit Resignation, Schweigen, Inaktivität. Wenn aber schon das Gros der Parteiangehörigen in den Parteien kaum noch unmittelbare Erfahrungen mit Demokratie gewinnen kann, wieviel weniger die Masse der Außenstehenden. Die Parteien und wohl auch andere quasipolitische Großverbände haben aufgehört, Schulen und Übungsstätten zu sein, in denen viele Einzelne Gelegenheit erhalten, durch lebendige Erfahrung Verständnis für Sinn und Prozeß der Demokratie zu erwerben und diese schließlich zu erkennen als das, was sie ist: Angelegenheit aller Bürger.

Noch schlechter als in der Sphäre der Politik sind die Mitwirkungschancen dort, wo viele Menschen durch tägliche Praxis am ehesten die sachliche Zuständigkeit für die Beteiligung an den sie tangierenden Beschlüssen erwerben, in der Arbeitswelt. Während die Staatsgewalt wenigstens der Idee nach im Auftrag und unter Kontrolle der Beherrschten handelt, ist das Prinzip der Volkssouveränität in der Arbeitssphäre nicht einmal formell akzeptiert. Nach wie vor gibt es hier – wie gerade wieder OTTO KIRCHHEIMER dargestellt hat[12] – faktisch *und* formell zwei Lager, die anweisenden und die ausführenden Klassen. Nicht nur haben die ausführenden so gut wie keinen Einfluß auf die Anweisungen, denen sie gehorchen. Sie arbeiten zudem unter technischen und organisatorischen Bedingungen, die kaum Gelegenheit für eigene Initiative lassen. Wenn überhaupt, ist persönliche Aktivität bloß möglich

[11] Belege in: *Ulrich Lohmar,* Innerparteiliche Demokratie. Eine Untersuchung der Verfassungswirklichkeit politischer Parteien in der Bundesrepublik Deutschland, Stuttgart 1963; dort auch weitere Literatur. Vgl. auch *Wolfgang Abendroth,* Innerparteiliche und Innerverbandliche Demokratie als Voraussetzung der politischen Demokratie, in: *Abendroth,* Wirtschaft, Gesellschaft und Demokratie in der Bundesrepublik, Frankfurt/M. 1965.

[12] *Otto Kirchheimer,* Private Man and Society, in: Political Science Quarterly, Bd. LXXXI, März 1966, Nr. 1.

als Konkurrenz um kleine Vergünstigungen am Arbeitsplatz. Solche Konkurrenz verstärkt noch den Druck zur Fügsamkeit und unterminiert die Solidarität. Wenn aber die Arbeit wesentlich fremdbestimmte Arbeit ist, wenn sie keine Möglichkeit zu verantwortlicher Mitbestimmung innerhalb des Gesamtverbandes bietet und wenn sie kaum umfassendere Solidaritäten schafft, wenn sie – in anderen Worten – keinerlei Erfahrung mit praktischer Demokratie, sondern das Erlebnis von Ohnmacht und Abhängigkeit vermittelt, kann sie auch jenes Selbstbewußtsein nicht erzeugen, das eine unentbehrliche Voraussetzung für die Identifikation mit den Prinzipien einer demokratischen Verfassung ist. Anstelle von Bürgersinn bringt sie die bittere oder resignative oder fügsame Selbstdeutung als Objekt hervor. Dazu nur eine Illustration.[13] Ungelernte und angelernte junge Arbeiterinnen, einige unter ihnen Absolventinnen von Zwergschulen und daher unfähig, ihre Vorstellungen zu verbalisieren, wurden kürzlich gebeten, ihre Sicht der Arbeitswelt in Bildern wiederzugeben. Jede erhielt einen Packen illustrierter Zeitschriften, aus denen sie die ihnen geeignet scheinenden Fotos ausschneiden und zu einer Darstellung »ihres« Unternehmens zusammenkleben sollten. Ein Mädchen montierte folgendes Bild, dessen Grundzüge bei anderen wiederkehrten: oben bei den Wolken eine große Uhr, der Gott, der alles bestimmt; darunter ein Schreibtisch, hinter ihm ein Mann, dessen Gesicht durchgestrichen war, der unbekannte ferne Chef; darunter drei Schreibtische, die Befehlszentralen; unter ihnen das Vorzimmer der allmächtigen Sekretärin; dann ein großer Abstand; ganz unten am Rand schließlich lauter Füße, die Arbeiter und Arbeiterinnen. – Das ist ein vielleicht extremes, gewiß aber nicht unrealistisches Spiegelbild der tatsächlichen Verhältnisse in den Unternehmen, die den meisten Beschäftigten keine Chance bieten, sich mit Recht als verantwortliche Bürger zu begreifen.

Weder in der Politik noch in der Sphäre der Arbeit bestehen also für die Vielen reale Möglichkeiten, durch Erfahrung Verständnis für demokratische Vorgänge zu gewinnen. Weil die Demokratie für sie nicht Bestandteil erlebter Praxis ist, können sie sie auch nicht als eigene Sache begreifen. Demokratie bleibt fremd und abstrakt; sinnlos scheint daher, sich mit ihr zu identifizieren.

Kommt hinzu, daß die Bedingungen, unter denen die meisten leben, nur wenig Anstöße enthalten, sich die von der Erfahrungswelt verweigerten politischen Kenntnisse *theoretisch* zu erwerben. Wie die Chancen politischer Beteiligung sind auch die durch die Lebensumstände selber gesetzten Herausforderungen gering, sich zum Sachverständigen zu

[13] Nach der mündlichen Information einer Mitarbeiterin der Industriegewerkschaft Chemie.

bilden, der vom Parkett die Vorgänge auf der Bühne teilnehmend verfolgt. Solche Zuschaueridentifikation wird kaum provoziert. Das folgt aus Tendenzen, die allen zeitgenössischen Massendemokratien und allen marktwirtschaftlichen Systemen der Gegenwart immanent sind: der Komplexität demokratischer Prozesse, der Undurchschaubarkeit von Herrschaft als Verwaltung, der durch die Wirtschaftsordnung angesonnenen *einseitigen* Konzentration auf den Konsum. Ich kann diese entpolitisierenden Einflüsse jetzt nicht mehr verfolgen. Sicher ist jedoch, daß sie ebenfalls für die Gleichgültigkeit gegenüber der Demokratie verantwortlich sind.

Wenn es stimmt, daß die heutigen Formen der Organisation von Wirtschaft und Staat den Vielen die Identifikation mit der Demokratie als Identifikation mit ihrem eigenen Interesse in doppelter Weise versperren: sowohl durch die Verweigerung entsprechender Erfahrungen als auch durch die Abwesenheit von Herausforderungen zur Ausbildung eines informierten Zuschauerengagements; wenn also die politischen Einstellungen und die Weisen des politischen Verhaltens selbst etwas Bedingtes, Funktionen des Gesellschaftssystems sind, dann folgt, daß wir nicht genötigt sind, vor dem Gegebenen zu kapitulieren und die verbreitete Indifferenz als prinzipiell unüberwindbar hinzunehmen. Weder die autoritäre Verfassung der Unternehmen und Behörden noch die oligarchische Struktur der Parteien und anderer Massenverbände, weder der niedrige Stand des Abstraktionsvermögens der großen Mehrheit noch ihre Unaufgeklärtheit gegenüber der Politik sind unveränderliche Größen. Theoretisch bieten sich daher mindestens zwei Wege zur Sicherung der Demokratie durch Herstellung eines rationalen politischen Bewußtseins an, eine Demokratisierung der Herrschaftsverhältnisse in Unternehmen und sonstigen Arbeitseinheiten und die Intensivierung der allgemeinen sowie der speziell politischen Bildung. Während über die Notwendigkeit einer Verbesserung politischer Bildung weithin Übereinstimmung besteht, ist der erste Weg nicht nur umstritten, sondern auch kaum diskutiert. Demokratisierung der Arbeitssphäre bedeutet sowohl, daß die Beschäftigten aller Ränge eines Unternehmens (oder einer Behörde) an den sie tangierenden Beschlüssen beteiligt, daß also die bestehenden Formen der Mitbestimmung radikal ausgeweitet werden, als auch die Institutionalisierung von Mitsprache- und Kontrollrechten solcher Gruppen, die dem Unternehmen nicht als Beschäftigte, wohl aber als indirekt Betroffene zugehören: Konsumenten, Gemeinden, Gewerkschaften, Kapitaleigentümer, die Staatsgewalt. Solche Beteiligung würde die Chance lebendiger Erfahrung mit Demokratie verbessern; sie könnte die Neigung zur Selbstinformation stimulieren und schließlich auch das politische Interesse der Außenstehenden entzünden, insoweit sie größere Öffentlichkeit der innerbetrieblichen Vorgänge und dadurch eine regere öffentliche Diskussion zwischen Gruppen mit divergierenden Interessen verbürgt.

Wir waren ausgegangen von der Frage, wie sicher die demokratischen Einrichtungen im Bewußtsein der Menschen verankert, wie krisenfest sie sind. Als vorläufiges Resultat ergibt sich, daß die Gefahrenzone noch nicht durchschritten ist. Nach wie vor ist die Wahrscheinlichkeit groß, daß viele Herrschende und viele Beherrschte in einer Krise antidemokratisch reagieren, die demokratischen Institutionen zumindest nicht nachdrücklich verteidigen werden. Dies Ergebnis impliziert freilich keine Prognose für die Zukunft der zweiten deutschen Demokratie. Niemand vermag zu sagen, ob es den aktiven demokratischen Minderheiten schließlich nicht doch gelingen wird, die gleichgültigen Mehrheiten auf ihre Seite zu ziehen; niemand kann die Einflüsse von außen antizipieren, die in einer kritischen Situation ebenfalls die Willensbildung bestimmen. Letztlich hängt das Schicksal der westdeutschen Demokratie nicht allein von den Westdeutschen selber ab. Maßgebend sind auch die Entwicklungen in den anderen Demokratien. Dort sind ähnliche strukturelle Kräfte am Werk wie die, die hierzulande die Ausbildung eines demokratischen Bewußtseins erschweren. Während sie jedoch in Deutschland auf dem Boden einer nicht-demokratischen Geschichte gedeihen, stoßen sie zum mindesten in den angelsächsischen Staaten auf den Widerstand einer langen und von Herrschenden und Beherrschten gleichermaßen akzeptierten demokratischen Tradition. Solche Traditionen müssen sich hier erst noch bilden. Solange das nicht geschehen ist, ist klar, daß kein Anlaß zu optimistischer Beruhigung besteht.

Mitbestimmung und Privateigentum

Konservative Gegner der erweiterten oder paritätischen Mitbestimmung in großen Wirtschaftsunternehmen begründen ihre Ablehnung meist mit pragmatischen, seltener mit prinzipiellen Bedenken. Diejenigen, die grundsätzlich argumentieren, insistieren, die Mitbestimmung sei illegitim. Indem sie die Verfügungsfreiheit der Privateigentümer und ihrer Beauftragten beschränke, verstoße sie gegen die Prinzipien des bestehenden Wirtschafts- und Gesellschaftssystems. Das Verdikt richtet sich gleichermaßen gegen das Mitbestimmungsgesetz von 1951 wie gegen die Gewerkschaftsforderungen auf Ausdehnung seines Geltungsbereichs. Als Diagnose ist es – wenigstens zum Teil – richtig. Fraglos stellt die sogenannte paritätische Mitbestimmung einen Eingriff in die Dispositionsrechte privater Eigentümer von Produktionsmitteln dar. Insofern ist sie ein weiterer Schritt im Prozeß der Aushöhlung des Privateigentums, der Unterminierung seiner Privatheit, die mit der öffentlichen Anerkennung von Gewerkschaften, der Legalisierung von Tarifverträgen, der Einführung des Arbeitsrechts und der Übernahme gesamtwirtschaftlicher Stabilisierungsaufgaben durch den Staat begann. Die erweiterte Mitbestimmung soll den Interessen der Beschäftigten bei Beschlüssen der Unternehmensleitungen größere Geltung verschaffen. Ohne Mitbestimmung werden Entscheidungen, soweit sie Wahl zwischen Alternativen und nicht bloß Anpassung an Sachzwänge sind, primär nach Maßgabe der Eigentümerinteressen oder der Interessen der Eigentumsverwalter gefällt. Sind dagegen die Arbeitnehmer mit einer der der anderen Seite entsprechenden Stimmenzahl vertreten, so hört das Eigentumsinteresse auf, oberste Richtschnur der Leitungsentscheidungen zu sein. Das bedeutet nicht das Ende der Marktwirtschaft. Wer immer die Schlüsselpositionen in den Unternehmen besetzt, im marktwirtschaftlichen System bleiben die Unternehmensleiter dessen Gesetzen unterworfen. Auch die Marktgesetze lassen jedoch Spielraum für Ermessensentscheidungen. Nur eine Illustration dazu: die Beliebigkeit der Ausstattung von Arbeitsdirektoren in den dem Mitbestimmungsgesetz unterliegenden Unternehmen des Montanbereichs. Blume resumiert aufgrund der Ergebnisse einer repräsentativen Erhebung, es sei keineswegs so, »daß die Größe des Unternehmens allein bestimmend dafür ist, ob Prokuristen, Handlungsbevollmächtigte oder Assistenten zum Ressort des Arbeitsdirektors gehören. Das hängt vielmehr von anderen Faktoren ab: von dem Verhältnis zu den Kollegen im Vorstand, von der Einstellung der Vorstandskollegen und der Anteilseignervertreter im Aufsichtsrat zur Mitbestimmung, von der Aktivität der Arbeitnehmervertreter im Aufsichtsrat, vom Durchsetzungsvermögen des Arbeitsdirektors und ... zuletzt erst von der Größe des Unternehmens und der sachlichen Notwendigkeit. In großen und bedeutenden Unternehmen steht der Arbeitsdirektor manchmal ziemlich allein vor seinem Ressort, in kleineren Unternehmen hat er dagegen häufig genügend tüchtige Leute in seinem Stab.«[1] – Der Ermessensspielraum, der auch in der Marktwirtschaft einer »wissenschaftlichen Zivilisation« besteht, ist der Ort, an dem verschiedene Interessen um Einfluß auf die Entscheidungen konkurrieren.

Angesichts der Beschränkung von Eigentümerbefugnissen durch die erweiterte Mitbestimmung ist es durchaus konsequent, wenn sich die Gegner auf die Institution des Privateigentums und die daraus fließenden Rechte berufen. Freilich reicht dieser Rekurs nicht aus, um die Illegitimität der Mitbestimmung zu begründen. Dafür wäre nachzuweisen, daß das Privateigentum selbst legitim ist. Nur wenn die Institution sich als legitim erweist, ist auch die Bewahrung der durch sie gewährten Verfügungsmacht legitim und ihre Beschränkung durch Mitbestimmung illegitim.

Im Selbstverständnis der bürgerlichen Gesellschaft bedeutet Privateigentum die Einheit mehrerer Rechte, die in vorbürgerlichen Ordnungen entweder auseinanderfielen oder durch Gesetz und Tradition beschränkt oder gar nicht vorhanden waren. Privatheit des Eigentums involviert danach 1. das Recht des Eigentümers auf Nutzung einer Sache im Rahmen der allgemeinen Gesetze, 2. sein Recht auf Verfügung und 3. sein Recht auf den Reingewinn, der mit seinem Eigentum von ihm selbst oder von anderen erzielt worden ist. Diese Rechte sind Privilegien, die gerechtfertigt werden müssen. Solche Rechtfertigung ist heute doppelt wichtig, weil die Legitimität des Privateigentums durch die Ideologie und die Praxis der sozialistischen Länder in Frage gestellt und weil die Bundesrepublik nach ihrem eigenen Selbstverständnis ein demokratisches Gemeinwesen ist, dessen Grundsätze unbegründete und damit illegitime Privilegien verbieten. Nach demokratischen Prinzipien sind Privilegien nur zulässig, wenn sie Leistungen möglich machen, die der Gesellschaft insgesamt zugute kommen; wenn also der Vorteil einer Gruppe zum Nutzen aller wirkt. Diese Zusammenhänge sind den konservativen Gegnern der Mitbestimmung bekannt. Folgerichtig versuchen sie, die Legitimität der Institution – und entsprechend die Illegitimität der Mitbestimmung – durch ihre Funktionen für das ganze Gemeinwesen zu begründen. Das Privateigentum

[1] *Otto Blume*, Zehn Jahre Mitbestimmung. Versuch einer Bestandsaufnahme, in: *Potthoff*, *Blume*, *Duvernell*, Zwischenbilanz der Mitbestimmung, Tübingen 1962, S. 119.

gilt ihnen als legitim, weil es Grundlage und Garant einer freien Gesellschaft und persönlicher Freiheit sei; weil es wirtschaftlichen Fortschritt verbürge; und weil es erzieherisch oder versittlichend wirke.

In mehreren Publikationen wurden solche Überlegungen während der letzten Jahre vorgebracht. Das private Eigentum, so heißt es, sei die »unverzichtbare Grundlage einer freiheitlichen Gesellschafts- und Staatsordnung«[2]. In einer Stellungnahme zu den gewerkschaftlichen Forderungen nennt die Bundesvereinigung der Deutschen Arbeitgeberverbände das Privateigentum »ein entscheidendes Element der freiheitlichen Wirtschafts- und Gesellschaftsordnung, das allen abendländischen Industriestaaten gemeinsam ist«[3]. (Wie die Autoren damit fertig werden, daß auch die DDR ein »abendländischer Industriestaat« ist, bleibt ihr Geheimnis.) Indirekt stimmt aus katholischer Sicht auch Johannes Messner dem zu: »Die Erfahrung und die geschichtliche Wirklichkeit bestätigen die Tatsache, daß, wo das politische Regime dem Einzelmenschen das Privateigentum an Produktionsmitteln nicht gestattet, auch die Ausübung der menschlichen Freiheit in wesentlichen Dingen eingeschränkt oder ganz aufgehoben wird.«[4] Diese Formulierung legt den Umkehrschluß nahe, wo und weil es Privateigentum gäbe, sei auch politische Freiheit realisiert; wer das Privateigentum angreife, gefährde damit die Verfassung der Freiheit.

Begünstigt die Institution Privateigentum eine die Freiheit fördernde politische Gesamtordnung, die allen Staatsbürgern einschließlich der Eigentumslosen dient, so trägt sie nach bürgerlich-konservativer Auffassung durch ihre versittlichende Wirkung auf die einzelnen Eigentümer indirekt auch zur Hebung des allgemeinen Kulturstandards und damit ebenfalls zur Wohlfahrt des Ganzen bei. Eigentum wird als »Medium der Persönlichkeitsbildung« verstanden, es »ruft zur ethischen Pflicht des rechten Gebrauches und warnt vor Mißbrauch«[5]. »Das Privateigentum weckt die Eigeninitiative und stärkt die Selbst-

[2] *Ludwig Vaubel* (Vorsitzender des Kuratoriums der von der Bundesvereinigung der Deutschen Arbeitgeberverbände getragenen Walter-Raymond-Stiftung), Vorwort und Grundsätzliches zum Thema aus der Sicht der Walter-Raymond-Stiftung, in: Eigentum und Eigentümer in unserer Gesellschaftsordnung. Veröffentlichungen der Walter-Raymond-Stiftung Band 1, Köln und Opladen 1960, S. 3.

[3] Die Stellungnahme ist abgedruckt in: Mitarbeiten, Mitverantworten, Mitbestimmen. Veröffentlichungen der Walter-Raymond-Stiftung Band 7, Köln und Opladen 1966, S. 258.

[4] *Johannes Messner*, Das Unternehmerbild in der katholischen Soziallehre. Beiträge zur Gesellschaftspolitik Nr. 3 (Hrsg. vom Bund katholischer Unternehmer e. V.), Köln, Dezember 1968, S. 13.

[5] *Walter Künneth* (o. Professor für systematische Theologie), Rechte und Pflichten des Kapitaleigentümers nach der evangelischen Sozialethik, in: Eigentum und Eigentümer, a.a.O., S. 113.

verantwortung ...«[6] Es gewährleiste »persönliche Entfaltung«, entwickle die Fähigkeit und Bereitschaft zum Risiko und zu eigener Verantwortung, es »ist ein aufbauendes, ein erzieherisch unentbehrliches Element für die Menschenbildung und für die Beziehung des einzelnen zu seinen Mitmenschen und zu der auf der Freiheit beruhenden Gemeinschaft«[7].

In enger Nachbarschaft zu solchen Erwägungen stehen Begründungen aus dem Umkreis der katholischen Soziallehre.[8] Der Hinweis auf die gesamtgesellschaftliche Nützlichkeit der Institution tritt hier gegenüber ihrer Deutung als Instrument der Menschwerdung oder Selbstverwirklichung des Menschen zurück, fehlt aber nicht ganz. Das Privateigentum sei ein Naturrecht. »Es fließt aus dem Wesen der menschlichen Person.«[9] Der Institution wird eine »Ordnungsfunktion« zugeschrieben, die dazu beitrage, daß die Nutzung der materiellen Dinge in der richtigen, d. h. dem »Personhaften« entsprechenden Weise geregelt wird. Das Eigentum erscheint damit abermals als unersetzbare Grundlage eines humanen Sozialsystems. Substanz der mit ihm verknüpften Rechte sei »das Verfügen einer Person über eine Sache als die ihrige«[10]. Die Wahrnehmung dieser Rechte müsse jedoch stets dem Gemeinwohl untergeordnet sein, Eigentum stehe in »sozialer Pflichtigkeit«[11]. Den Inhalt dieser Pflichtigkeit oder des Gemeinwohls bestimmt Messner in Anlehnung an Populorum progressio (1967) und Mater et magistra (1961): »mehr und rationeller produzieren«. Mehr und rationellere Produktion sei geboten, weil ein »Gemeinwohldefizit der Gesamtmenschheit« bestehe[12]: Elend in den wirtschaftlich unentwickelten Gebieten der Welt. Messner zufolge ist das Wirtschaftssystem mit Pri-

[6] *Joseph Höffner* (o. Professor für Christliche Sozialwissenschaft), Eigentumsstreuung als Ziel der Sozialpolitik, in: Eigentum und Eigentümer, a.a.O., S. 34.

[7] *Ludwig Vaubel,* Vorwort und Grundsätzliches, a.a.O., S. 5 f.

[8] Für andere katholische Interpretationen als die im folgenden referierten vgl. z. B. *Franz Kübler,* Mitbestimmung als gesellschaftspolitisches Ziel der katholischen Soziallehre, in: *Kurt Nemitz* und *Richard Becker,* Hrsg., Mitbestimmung und Wirtschaftspolitik, Köln 1967.

[9] *Gustav Gundlach,* Das Privateigentum und seine soziale Pflichtigkeit. Voraussetzungen einer freiheitlichen Gesellschaftsordnung, in: Eigentum und Eigentümer, a.a.O., S. 25.

[10] *Anton Rauscher* (Leiter der Katholischen Sozialwissenschaftlichen Zentralstelle in Mönchengladbach), Arbeit und Eigentum in der Problematik der paritätischen Mitbestimmung, in: Mitbestimmung? Beiträge zur Problematik der paritätischen Mitbestimmung in der Wirtschaft, hrsg. und eingeleitet von *Goetz Briefs,* Stuttgart ²1968, S. 72.

[11] Ebenda, S. 70.

[12] *J. Messner,* Eigentum und Mitbestimmung, in: *Anton Rauscher,* Hrsg., Mitbestimmung. Referate und Diskussion auf der Tagung katholischer Sozialwissenschaftler 1968 in Mönchengladbach, Köln 1968, S. 127.

vateigentum besser als jedes andere geeignet, »mehr und rationeller zu produzieren« und damit das »Gemeinwohldefizit der Gesamtmenschheit« zu vermindern. Diese höhere Eignung könne es aber nur bewahren, wenn das Privateigentum unangetastet bleibe: »Die Erfüllung der Sozialfunktion des Eigentums . . . setzt die *Entscheidungsfreiheit der Eigentümer* voraus.«[13] »Die Sozialverpflichtung des Eigentums erfordert heute mehr denn je die für ihre Erfüllung unerläßliche Entscheidungsfreiheit bei der Ausübung der von dieser Sozialverpflichtung geforderten und in ihr begründeten Unternehmerfunktion. Daher kann es rechtmäßigerweise keine Mitbestimmung in der eigentlichen Unternehmerentscheidung geben, sie würde einen Eingriff in einen naturrechtlich begründeten Verpflichtungsbereich bedeuten.«[14]

Messners Thesen bilden die Gelenkstelle zwischen neoliberaler und katholischer Argumentation. Letztlich begründen sie die vermeintliche ethische Überlegenheit einer Wirtschaft mit Privateigentum durch deren höhere Effizienz – eine listige Fusion bürgerlicher und katholisch-naturrechtlicher Gedanken, die die Mitbestimmung der Arbeitnehmer gleichermaßen als unzweckmäßig und unethisch verdammt.

Würde das Privateigentum die genannten Funktionen erfüllen, so käme die Beschränkung von Eigentümerrechten durch Mitbestimmung der Arbeitnehmer in der Tat einer Bedrohung der Freiheit aller Staatsbürger, einer Gefährdung von Wohlstand und Gesittung gleich. Verständlich wäre dann, warum konservative Beobachter in den Gewerkschaftsforderungen die Gefahr einer »Verwahrlosung unserer Gesellschafts-, Wirtschafts- und Staatsordnung«[15] sehen, eine Beeinträchtigung des »Zusammenlebens« und der »Kulturziele«[16], den Anfang einer totalitären Entwicklung, einen Angriff auf die Menschenwürde. Annahmen dieser Art werden jedoch nirgends wirklich begründet. Regelmäßig bleibt es bei der bloßen Behauptung sowohl der Nützlichkeit des privaten Eigentums als auch der fatalen Konsequenzen seiner Beschränkung. Fast alle Befürworter seiner unmodifizierten Erhaltung knüpfen an die Legitimationstheorien des klassischen Liberalismus an.

[13] *Messner,* Eigentum und Mitbestimmung, a.a.O., S. 131.

[14] *Messner,* Das Unternehmerbild, a.a.O., S. 17. Mit Recht weist Nell-Breuning darauf hin, daß diese Auffassung ein fundamentales Mißverständnis enthält: »Obwohl Mitbestimmung mit dem Unternehmer, d. h. Dreinreden in die unternehmerischen Entscheidungen, heller Wahnsinn ist und von keinem vernünftigen Menschen, der für Mitbestimmung einsteht, angestrebt wird, erweist sich dieses Mißverständnis als unausrottbar; es ist das weitaus schwerste Handicap, gegen das die Vorkämpfer der Mitbestimmung anzugehen haben.« *Oswald von Nell-Breuning,* Arbeit und Mitbestimmung, in: *Rauscher,* Hrsg., Mitbestimmung, a.a.O., S. 20.

[15] *Franz Böhm,* Die rechtliche Problematik der paritätischen Mitbestimmung, in: *Briefs,* Hrsg., Mitbestimmung? a.a.O., S. 129.

[16] *A. Rauscher,* Arbeit und Eigentum, a.a.O., S. 70.

Im Gegensatz zu den führenden Liberalen des 18. und des 19. Jahrhunderts begnügen sie sich jedoch mit der dogmatischen Wiederholung der alten Argumente, ohne zu berücksichtigen, daß, was in der Frühzeit des Liberalismus richtig war, nicht automatisch auch unter den veränderten Bedingungen des 20. Jahrhunderts gültig ist. Sie verkennen den historischen Charakter der Institution und ignorieren den Wandel ihrer Funktionen ebenso wie die Veränderung ihrer Formen. Selbst wenn die Analyse dieser Wandlungen ergäbe, daß das Privateigentum nach wie vor eine nützliche Einrichtung ist, wäre damit die Analyse nicht überflüssig. Sie ist die unentbehrliche Voraussetzung für jedes nichtdogmatische Urteil über Wert und Unwert der Institution. Eine solche Analyse soll hier versucht werden. Ihre Aufgabe ist es, die Funktionen des Privateigentums und ihre Veränderungen zu ermitteln, und dabei zu prüfen, wie weit es nach Maßgabe der liberalen Theorie selber noch gerechtfertigt ist. Seine Leistungen in der gegenwärtigen Gesellschaft sollen also nicht an eigentumsfeindlichen Programmen, sondern an Postulaten gemessen werden, die von seinen besten Verteidigern aufgestellt worden sind. Die Untersuchung beschränkt sich auf das Privateigentum an Produktionsmitteln. Das Eigentum an Gebrauchsgütern und anderen Formen des nicht produktiv verwerteten Eigentums bleiben außer Betracht.

In der frühen liberalen Gesellschaftstheorie[17] erscheint das private weder durch obrigkeitliche noch durch traditionelle oder religiöse Vorschriften beschränkte Eigentum als Instrument des wirtschaftlichen Fortschritts, der Herstellung politischer Freiheit und des gesitteten Commonwealth friedliebender Bürger. Grundlage dieser Deutung ist die These, das aus den Bindungen der Feudalordnung gelöste Eigentum setze ein neues Handlungsmotiv: den Eigennutz, frei. Erst nachdem und weil es ungebundenes, eben privates Eigentum gäbe, würden die Menschen lernen, nach ihrem persönlichen Vorteil, dem Erwerb und der Vergrößerung von Besitz *mit friedlichen Mitteln* zu streben. Die Institution Privateigentum aktualisiert also der Theorie zufolge eine Disposition des Menschen, die ohne institutionell geschütztes Eigentum latent bleibt. Dieser Vorgang sei progressiv. Denn der durch Eigentum entbundene Eigennutz motiviere die Menschen zu regelmäßiger Arbeit und erziehe sie zu planvollem, zweckgerichtetem Handeln. Dadurch würde die Entfaltung menschlicher Erfindungsgaben begünstigt, würden Kunst und Wissenschaft zur Blüte gebracht, die gewerblichen und

[17] Vgl. *Adam Ferguson,* Abhandlung über die Geschichte der bürgerlichen Gesellschaft (1767), deutsche Ausgabe Jena 1923; *John Millar,* The Origin of the Distinction of Ranks (1779), in: *William H. Lehmann,* John Millar of Glasgow, Cambridge 1960; *Adam Smith,* Inquiry into the Nature and Causes of the Wealth of Nations, hrsg. von *J. E. Thorold Rogers,* Oxford ²1880; derselbe, Theorie der ethischen Gefühle, Dt. Ausgabe Frankfurt/M. 1949.

kaufmännischen Techniken verbessert, kurz, der durch die Institutionalisierung des privaten Eigentums entfesselte Egoismus trage maßgeblich zur Steigerung der Arbeitsproduktivität und damit zum allgemeinen Wohlstand bei.

Die Strukturierung der menschlichen Motive durch das Eigentum erstreckt sich nach der hier referierten Auffassung auch auf das subjektive Freiheitsverlangen. Das Privateigentum, sagt John Millar, facht den Geist der Freiheit an, die wirtschaftlich selbständig gewordenen Bürger wollen nicht länger der Krone dienen, sie verlangen Beteiligung an der Regelung der allgemeinen Angelegenheiten – »Mitbestimmung« gilt ihnen jetzt als ihr gutes Recht. Vermittelt durch eine Umstrukturierung des menschlichen Charakters erscheint das Privateigentum damit wie als Antrieb des wirtschaftlichen Wachstums so auch als Triebkraft der politischen Emanzipation, der Herstellung einer »freiheitlichen Ordnung«.

Die frühliberale Theorie der Motivbildung durch die Institution Privateigentum bezog ihr Anschauungsmaterial aus den Verhältnissen Englands im späten 17. und im 18. Jahrhundert. Im Hinblick auf die Bedingungen dieser Epoche ist sie mehr als bloße Ideologie. Sowohl die der Freiheit förderlichen Auswirkungen der Privatisierung des Eigentums als auch seine Bedeutung als Instrument des wirtschaftlichen Fortschritts haben ihre Autoren für die damalige Situation in England richtig gesehen. Die bürgerlichen Eigentümer brauchten, um frei über ihr Gut verfügen zu können, einen wirtschaftlich abstinenten Staat. Folgerichtig verlangten sie seinen Rückzug aus dem ökonomischen Bereich und Beteiligung an allen wirtschaftlich relevanten Beschlüssen. Dieses Verlangen war in der Phase des Übergangs vom absolutistischen zum konstitutionellen Staat progressiv, weil die Staatsintervention damals die Entfaltung der Produktivkräfte hinderte und weil mit der Forderung nach wirtschaftlicher Freiheit im Grundsatz jeder absolutistische Machtanspruch in Frage gestellt war. Heute haben Staatseingriffe in die Wirtschaft demokratischer Länder die Funktion einer Umverteilung des Sozialprodukts, also der Annäherung an materielle Gerechtigkeit, und die Aufgabe, den Wirtschaftsablauf zu stabilisieren, also mehr Sicherheit für alle zu schaffen. In der Periode des Spätabsolutismus wirkten sie jedoch regressiv. Interventionen in die Wirtschaft gaben dem Monarchen die Möglichkeit, sich willkürlich zu bereichern, machten die Reichen durch Gewährung von Privilegien noch reicher, die Armen ärmer und, soweit die Krone ihre derart vergrößerten Einkünfte zur Stärkung ihrer militärischen Position benutzte, auch politisch schwächer. Anders als in der Gegenwart war daher die Forderung nach Privatheit oder Freiheit des Eigentums in einem aus der Wirtschaft verdrängten Staat eine Forderung nach Freiheit für alle, die Forderung nach Beschränkung willkürlich angewendeter obrigkeitlicher Gewalt.

Das Privateigentum war für die Väter des Liberalismus einzig wegen seiner für die ganze Gesellschaft nützlichen Konsequenzen legitim. Nur diese Konsequenzen rechtfertigten in ihrer Sicht die Vorrechte der bürgerlichen Eigentümer. Das erlaubt die Folgerung, daß das Privateigentum an Produktionsmitteln im Sinn der klassischen liberalen Lehre entbehrlich oder sogar schädlich, jedenfalls illegitim wird, wenn Bedingungen eintreten, unter denen es nicht mehr Bollwerk der Freiheit und Motor des materiellen Fortschritts ist. Dann würden die von Ferguson, Millar und Smith ebenfalls eingehend beschriebenen negativen Auswirkungen – Vereinzelung, extremer Eigennutz und Ungleichheit – nicht mehr durch fortschrittliche Leistungen angemessen kompensiert.

Im England des späten 18. Jahrhunderts mußten die bürgerlichen Unternehmer eine rechtsstaatlich-parlamentarische Verfassung verlangen, weil es nur unter dieser Voraussetzung möglich war, das Eigentum nach eigenem Ermessen zu nutzen und die Gewinne zu erhöhen. Was aber geschieht, wenn der parlamentarische Staat ihnen keine bevorzugte Stellung garantiert? Wenn mächtige Großunternehmen und eine ebenfalls starke Arbeiterschaft sie gefährden? Wenn sich also das Kräfteverhältnis in Wirtschaft und Gesellschaft zuungunsten namentlich der Kleinunternehmer verändert hat? Werden sie auch dann noch für die Herstellung oder die Erhaltung eines freien, und das kann heute nur heißen: eines demokratischen Staates streiten? Werden sie auch dann durch ihr Eigentum zur Offensive gegen freiheitsfeindliche Mächte motiviert? Liegt solches Engagement dann noch in ihrem Interesse?

Historische Erfahrung und wissenschaftliche Forschung geben eine negative Antwort. Sie zeigen, daß in einer Situation, in der die selbständigen Privateigentümer nicht mehr der absolutistischen Staatsgewalt, sondern einem demokratischen Staat mit organisierter Arbeiterschaft und starken Großunternehmen gegenüberstehen, der Kausalnexus von Privateigentum und politisch progressivem Verhalten zerbricht.

Die in diesem Zusammenhang relevanten Tatsachen sind bekannt. Sie werden hier nur kurz resumiert.

In Deutschland hat sich von den verschiedenen sozialen Großgruppen gegen Ende der zwanziger Jahre vor allem das Kleinbürgertum der Selbständigen als anfällig für den Nationalsozialismus erwiesen. Lepsius[18] führt die Radikalisierung vorab auf die Bedrohung durch die Wirtschaftskrise und auf das Selbstbild dieser Schicht zurück. Sie begriff sich als »Stand der Mitte«, als moralisches Kollektiv, in dem be-

[18] *M. Rainer Lepsius,* Extremer Nationalismus. Strukturbedingungen vor der nationalsozialistischen Machtergreifung, Stuttgart 1966.

stimmte Wertvorstellungen vorbildlich verwirklicht wären[19]: Ehrlichkeit, Fleiß, Sparsamkeit, Strebsamkeit, Verantwortlichkeit. Das sind in der Tat altbürgerliche Tugenden, auf die das Bürgertum sich in der Ära der Konkurrenzgesellschaft auch in Deutschland zu Recht oder zu Unrecht berief, um seine Mitsprachewünsche gegenüber Krone und Aristokratie zu fundieren. In der neuen Situation der Bedrängtheit durch Konzerne, Arbeiterorganisationen und demokratischen Staat erhielt der Rekurs auf diese Tugenden jedoch eine andere politische Funktion. Jetzt leiteten die wirtschaftlich selbständigen Eigentümer von ihnen den Anspruch auf Erhaltung ihrer Vorrechte durch die Staatsgewalt ab: staatliche Garantie eines standesgemäßen Lebensunterhalts, Schutz gegen Konkurrenz und gegen Gewerkschaften, Sicherung von Handelsspannen und von Bildungsprivilegien. Alles das kann aber nur eine antidemokratische Regierung gewähren. Deshalb – wenn auch nicht allein deshalb – sind die Selbständigen in der Bedrohungssituation so zahlreich der NSDAP zugeströmt. Nicht nur in Wahlen haben sie ihr überproportional viele Stimmen gegeben. Auch die »Aufteilung der NSDAP-Mitglieder nach Beschäftigungen im Jahre 1933 läßt erkennen, daß diese größtenteils aus den verschiedenen städtischen Mittelschichten stammten, wobei die Selbständigen wiederum am meisten übervertreten waren«[20]. – Empirische Studien legen die Annahme nahe, daß die NPD bei Kleinunternehmern ebenfalls relativ viele Anhänger hat.[21]

Aufschlußreich ist auch der Fall McCarthy. In der Zeit seiner größten Wirkung hat etwa ein Drittel der amerikanischen Bevölkerung mit ihm sympathisiert. Die Gefolgsleute kamen aus allen Schichten. *Eine* Gruppe tat sich jedoch besonders hervor: Selbständige mit kleinen Betrieben.[22]

Ähnliche Tatsachen wie aus Deutschland und den Vereinigten Staaten sind aus Frankreich bekannt. Dort konnten die Poujadisten in den Wahlen von 1956 zehn Prozent der Stimmen gewinnen. Der Poujadismus war »genau wie der Nationalsozialismus in Deutschland und Österreich im wesentlichen eine extremistische Bewegung, welche dieselben sozialen Schichten ansprach – und sich auf sie stützte – wie die

[19] Ebenda, S. 14.

[20] *Seymour Martin Lipset*, Der »Faschismus«, die Linke, die Rechte und die Mitte, in: *Ernst Nolte*, Hrsg., Theorien über den Faschismus, Köln–Berlin 1967, S. 462.

[21] *Dieter Thelen*, Die Wähler der Nationaldemokratischen Partei Deutschlands (NPD), in: *Iring Fetscher*, Hrsg., Rechtsradikalismus, Frankfurt/M. 1967.

[22] *Manfred Clemenz*, McCarthy und seine Bewegung: Faschistische Tendenzen in der amerikanischen Gesellschaft, in: *Fetscher*, Hrsg., Rechtsradikalismus, a.a.O., S. 188 f.

Parteien der ›liberalen Mitte‹«[23]. Poujade fand bei kleinen und mittleren Selbständigen relativ mehr Widerhall als in irgendeiner anderen Schicht. Fast die Hälfte seiner Wähler kam aus diesem Reservoir.[24]

Die für unsere Fragestellung entscheidende Lehre aus den rechtsradikalen Bewegungen der letzten Jahrzehnte ist klar. Sie besagt, daß die Kausalität von Privateigentum und Freiheit, von Eigentümerinteresse und freiheitlichem politischem Verhalten aufgehoben ist. In der Gesellschaft der Großunternehmen und Großgewerkschaften legt der wirtschaftliche Eigennutz den selbständigen Eigentümern von Produktionsmitteln keine klaren Parteinahmen für die Verfassung der Freiheit nahe. Ebensowenig werden sie durch ihr Eigentum zur Unterstützung von Programmen des wirtschaftlichen Wachstums veranlaßt. Die Verwirklichung ihrer Forderungen nach Schutz gegen Konkurrenz und gegen Gewerkschaften, nach Subventionen und festen Handelsspannen, käme einer Retardierung des wirtschaftlichen Fortschritts gleich. Statt als Triebkraft der ökonomischen Entwicklung wirkt sich das Privateigentum damit über die politischen Einstellungen seiner kleinbürgerlichen Träger in der entfalteten Industriegesellschaft eher als Hindernis aus.

Hier wird nicht die These vertreten, das Altbürgertum der Selbständigen sei in allen Situationen und geschlossen eine latent faschistische Schicht. Dieser Schluß verbietet sich, weil die Prämisse, daß die Menschen stets allein nach Maßgabe ihrer Wirtschaftsinteressen handeln, und daß sie diese Interessen immer richtig erkennen, zu einfach ist. Er ist zudem unhaltbar, weil die Handlungen sich mit den Veränderungen des ihren Bezugrahmen bildenden gesellschaftlichen Gesamtsystems verändern. Eben das wird von den eingangs zitierten Verteidigern des Privateigentums in der Bundesrepublik verkannt. Sie unterstellen, die durch die Institution geformten Handlungsantriebe blieben stets und in jeder historischen Situation die gleichen. Anders als ihre liberalen Ahnen verschließen sie sich der Einsicht, daß die Wandlungen eines Gesellschaftssystems und die damit einhergehenden Veränderungen von gruppenspezifischen Interessenlagen auch Wandlungen der politischen Präferenzen nach sich ziehen.

Zu fragen bleibt, ob der numerisch kleine Kreis der Großeigentümer nach Maßgabe seiner ökonomischen Interessen und im Gegensatz zu den Kleineigentümern die Erwartungen erfüllt, die die heutigen Anwälte des Privateigentums zu dessen Rechtfertigung formulieren. Empirische Befunde über das politische Bewußtsein dieser Gruppe liegen nicht vor. Vielleicht kann das bereits als Indiz für ein, vorsichtig gesagt, zwiespältiges Verhältnis zur »freiheitlichen Grundordnung« bewertet wer-

[23] *Lipset,* Der »Faschismus«, a.a.O., S. 469.
[24] Ebenda, S. 470.

den. Denn die Anerkennung demokratischer Grundsätze schließt die Anerkennung des Öffentlichkeitsprinzips ein. Daß es über das politische Bewußtsein und das politische Verhalten von fungierenden Großeigentümern keine wissenschaftlich gesicherten Informationen gibt, dürfte sich auch aus ihrer Abneigung gegen publizistisch verwertbare Befragungen erklären.

Solange wir nicht über empirische Studien verfügen, die das Verhältnis von Großeigentümern zur Politik beschreiben und analysieren, sind wir auf Deduktionen angewiesen. Diese legen die Vermutung nahe, das Großbürgertum der Eigentümer sei durch seine spezifischen Interessen ebensowenig wie die kleinbürgerlichen Selbständigen auf die Verteidigung eines Zustands der Freiheit festgelegt. Ein demokratischer Staat muß intervenieren – er muß Freiheit und Privatheit namentlich des Großeigentums durch progressive Steuern, Verbraucherschutz und Berücksichtigung der Gewerkschaften beschränken. Geht er darin nach Auffassung der Betroffenen zu weit, bleibt ihnen, sofern sie ihrem wirtschaftlichen Eigennutz folgen, kaum eine Wahl, als gegen ihn zu opponieren. Ob die Opposition sich zur radikalen Verwerfung des demokratischen Systems steigert oder ob sie sich mit einer extrem konservativen Einflußnahme gegen seine Sozialstaats- und Mitbestimmungskomponenten begnügt, hängt wie von der Einsicht der Handelnden auch von der je vorgefundenen gesamtpolitischen Konstellation ab. Wenig spricht dafür, daß sie sich angesichts einer radikal demokratischen Negierung ihrer Privilegien konsequent ins Lager der Freiheitsfreunde schlagen und die Demokratie verteidigen werden.

Die Ideologie der freiheitsverbürgenden Wirkungen des Privateigentums ist freilich nicht *ganz* unwahr. Das Körnchen Wahrheit, das sie enthält, besteht in der Trivialität, daß Groß- und Kleineigentümer von Produktionsmitteln in Verfolgung ihres wirtschaftlichen Interesses schwerlich bereit sein werden, kommunistisch-totalitäre Bestrebungen zu unterstützen. Die Abwehr solcher Programme ist jedoch weder ein Monopol von Eigentümern noch eine Gewähr für demokratisches Engagement.

Die Gegner der Mitbestimmung könnten einwenden, die auf dem Privateigentum basierende Wirtschaft sei im Vergleich zu allen anderen Systemen so erfolgreich gewesen, daß doch eine Kausalität von Eigentum und Wirtschaftswachstum zu vermuten sei. Hergestellt werde sie durch die in Profiten ausgedrückte Prämiierung von Eigentümerinitiativen. Weil er Gewinne erwarten könne, sei der Eigentümer von Produktionsmitteln bereit, produktive Neuerungen durchzusetzen und dabei Risiken einzugehen. Würden die Eigentumsrechte weiter reduziert, so müßte die Wirtschaft stagnieren, weil die Anreize für unternehmerische Wagnisse entfielen.

Dieses Bedenken, ebenfalls ein Versuch, die mit dem Privateigentum verknüpften Privilegien zu legitimieren, hält der Prüfung nicht stand. Richtig ist an ihm lediglich das historische Element. Die individuelle, durch Gewinnaussicht angefachte Eigentümerinitiative ist für die Errichtung der ersten Industriesysteme in der Tat unentbehrlich gewesen. Einmal ins Leben gerufen und bis zu einem bestimmten hohen Stand entwickelt, kann die Industrie sich jedoch auch ohne Privateigentum produktiv weiter entwickeln. Das wird sofort klar, wenn man sich vorstellt, das Eigentum an den größeren Unternehmen in der Bundesrepublik würde in irgendeine Form von nicht-privatem und nichtstaatlichem Besitz überführt. Die Unternehmen würden weiter bestehen und sich entfalten, sie würden weitere technische und ökonomische Fortschritte erreichen – Fortschritte, die längst unabhängig sind von der Eigentumsform.

Belege dafür liefern Publikumsgesellschaften, die der Kontrolle von Angestellten ohne nennenswerte Kapitalbeteiligung unterstehen. Sie demonstrieren tagein, tagaus, daß anstelle des Privateigentums eher das staatlich überwachte marktwirtschaftliche Prinzip ökonomische Fortschritte verbürgt. Dieses Prinzip ist aber nicht unlösbar mit der Institution des Privateigentums verknüpft. Denkbar ist eine Marktwirtschaft, in der die von den einzelnen Unternehmungen verwerteten Produktionsmittel nicht wirkliches Privateigentum, nicht fungierendes Individualeigentum, sondern ähnlich wie in den von Managern gesteuerten Unternehmen Eigentum größerer Gruppen sind – etwa gemeinsames Eigentum aller, die jeweils in einem Unternehmen arbeiten. Damit bliebe die marktwirtschaftliche Verfassung, nicht aber das Privateigentum an Produktionsmitteln bestehen. Wirtschaftlicher Fortschritt wäre, soweit er vom Mechanismus der Marktwirtschaft abhängig ist, auch weiterhin garantiert, doch würde er nicht jene Ungleichheiten mit sich bringen, die das Privateigentum nach wie vor bedingt.

Sofern Eigentum an Produktionsmitteln durch die Gewinnaussicht tatsächlich zu wirtschaftlich schöpferischen Initiativen motiviert, könnte der Effekt dieser Wirkungen sich sogar erhöhen, wenn die Produktionsmittel Besitz aller im Unternehmen Beschäftigten wären. Wenn es gelänge, Formen der Kapitalbeteiligung zu finden, die den Beschäftigten den Zusammenhang von eigenem Mehreinkommen und eigener Initiative durchsichtig machen, so würde der Kreis der an Neuerungen direkt Interessierten sich vergrößern und die heute weitgehend brachliegende wirtschaftliche Phantasie der Eigentumslosen dem Unternehmen, das heißt: sowohl seinen (neuen) Eigentümern als auch der Gesamtwirtschaft zugute kommen. Die Masse der heutigen Aktionäre kann keine produktiven Anregungen geben. Anders die Arbeiter und Angestellten des Unternehmens. Ihre sachliche Kompetenz für Belange der Firma, in der sie tätig sind, übertrifft die des typischen Aktionärs. Diese Kompetenz ließe sich zum Vorteil des ganzen Gebildes durch ein über Miteigentum hergestelltes Prämiensystem aktivieren.

Nach Maßgabe der liberalen Prinzipien fehlt dem Privateigentum an Produktionsmitteln heute die Legitimation. Es ist weder die »unverzichtbare Grundlage einer freiheitlichen Gesellschafts- und Staatsordnung« noch unersetzbarer Antrieb der wirtschaftlichen Entwicklung. Neue, die Privilegien seiner Träger rechtfertigende, für das ganze Gemeinwesen nützliche Funktionen sind nicht erkennbar. Auch die ihm zugeschriebenen »persönlichkeitsbildenden« Einflüsse stellen keine Rechtfertigung dar. In einer demokratischen Gesellschaft, in der die überwiegende Mehrheit der Menschen keine Produktionsmittel besitzt, lassen sich Vorrechte einer Minderheit nicht durch deren Chance zur »Persönlichkeitsbildung« legitimieren. Zudem ist die These der »Persönlichkeitsbildung« durch Eigentum ebenfalls fragwürdig. Sie impliziert eine unhaltbare Klassifikation: die Aufteilung in »Persönlichkeiten« und »Masse«. Daß schließlich Eigentum nicht zu der behaupteten Risikobereitschaft oder zu »Verantwortlichkeit« erzieht, wird durch das oben skizzierte politische Verhalten seiner Verteidiger sowie durch ihre heutige Abwehr gegen demokratische Reformen von der Art der Mitbestimmung bewiesen.

Aus dem Funktionswandel und dem durch ihn bedingten Legitimitätsverlust des Privateigentums an Produktionsmitteln folgt weder die Unzulässigkeit privaten Gebrauchseigentums noch die Notwendigkeit einer Überführung der Produktionsmittel in Staatseigentum. Die alte sozialistische Theorie, derzufolge Staatseigentum Freiheit verbürgt, ist ebenso überholt wie die alte liberale Idee, politische Freiheit sei im Privateigentum verankert. Die Legitimationsprobleme der sogenannten westlichen Gesellschaften lassen sich nicht durch Rückgriffe auf Institutionen und Ideen vergangener Jahrhunderte lösen. Auswege bietet lediglich die demokratische Reform. Dazu gehört konsequenter Ausbau vorhandener Ansätze zur Mitbestimmung der Arbeitnehmer in privaten und in öffentlichen Unternehmen ebenso wie die Entwicklung neuer Formen einer »paritätischen« Willensbildung in Hochschulen, Kirchen, Parteien und anderen Massenorganisationen.

Das Bild des Unternehmers

Was ein Unternehmer sei, ist heute unklarer denn je. Nach einer verbreiteten, aber umstrittenen Auffassung sind Unternehmer alle die, die auf wirtschaftlichem Gebiet neue Möglichkeiten erkennen und durchsetzen. So lautet zum Beispiel die von Joseph Schumpeter formulierte Definition. Schumpeter setzte bei bestimmten, mit der Leitungsposition in Unternehmen verknüpften Funktionen an. Unternehmer nannte er die Personen, deren Aufgabe es sei, für die Erzeugung und Verbreitung neuer Produkte oder neuer Qualitäten von Produkten zu sorgen. Als weitere Merkmale hob er die Einführung neuer Produktionsmethoden, die Verwirklichung neuer Organisationsformen, die Erschließung neuer Bezugsquellen und neuer Absatzmärkte hervor. Unternehmer wäre demnach jeder, der als Pionier des wirtschaftlichen Fortschritts wirkt.

Zum Begriff des Unternehmers gehören indes nicht bloß die von Schumpeter angeführten Neuerungsfunktionen. Überall, wo man überhaupt von Unternehmern spricht, schließt dieses Konzept auch das einer auf dem Privateigentum an Produktionsmitteln basierenden Marktwirtschaft ein: Unternehmer gibt es nur in kapitalistischen Wirtschaftssystemen. Hier ist der Unternehmer gemäß einer anderen, ebenfalls kontroversen Vorstellung der Mann, der selbst die Produktionsmittel besitzt, über die er als Unternehmensleiter verfügt; der Eigentümer der Gebäude, Maschinen, sonstigen Arbeitsinstrumente, mit denen die bei ihm Beschäftigten Güter oder Dienste erzeugen.

Beide Begriffe, der Unternehmer als Neuerer und der Unternehmer als Eigentümer von Produktionsmitteln, fielen in den Anfangszeiten der kapitalistischen Entwicklung zusammen, beide sind inzwischen problematisch geworden. Sowohl ihre frühere Identität als auch wichtige Einzelmerkmale gingen mit der wachsenden Kompliziertheit der industriell-kapitalistischen Wirtschaften verloren. Weder das ganz an den Neuerungsfunktionen orientierte noch das allein auf das Eigentum abstellende Konzept genügen zum Verständnis der heutigen Realität.

Die Deutung des Unternehmers als eine Art Monopolist der Neuerung ist fragwürdig, weil Innovationen auf wirtschaftlichem Gebiet nur noch ausnahmsweise Sache identifizierbarer Einzelpersonen in Unternehmen sind. Was immer in der Wirtschaft an neuen Techniken und Organisationsformen, an neuen Absatzstrategien und neuen Bezugsquellen eingeführt wird, geht in der Regel nicht auf das erfinderische Genie eines Einzelnen, sondern auf die Arbeit vieler Beteiligter zurück. Träger solcher Leistungen ist ein vielköpfiges Heer von Theoretikern und Praktikern innerhalb und außerhalb der Firmen: von Forschern, Technikern, Finanzfachleuten, Experten der Organisation. Niemand bezeichnet sie als Unternehmer, und doch sind sie gleichsam Teilhaber an der von Schumpeter beschriebenen Unternehmerfunktion. Diese Funktion, so wie Schumpeter sie sah, hat sich gespalten. Viele, die Unternehmensleiter sind, und noch häufiger solche, die es nicht sind, nehmen sie wahr.

Umgekehrt gibt es in den Unternehmen zweifellos eine beträchtliche Zahl von Personen in leitender Stellung, die alles andere als Neuerer oder auch nur neuerungsfreundlich sind. Verwalter des Status quo, neigen sie zur Beharrung wie nur je ein Experimenten abholder Traditionalist. Bestenfalls fügen sie sich der von Dritten gewonnenen Einsicht, daß es nötig sei, Gewohntes zu verändern, und im schlimmen Fall stellen sie sich jedem Wandel entgegen. Schumpeter zufolge dürfte man sie nicht als Unternehmer bezeichnen, obwohl sie die Spitze in Unternehmungen bilden. Aber wenn nicht als Unternehmer, wie klassifiziert man sie dann?

Ähnliche Spaltungsprozesse wie bei der Neuerungsfunktion traten beim Privateigentum an den Produktionsmitteln ein. In den obersten Rängen der meisten Großunternehmen befinden sich heute Personen, die nicht selbst das Kapital besitzen, über das sie verfügen. Mit einer großen Zahl relativ machtloser Aktionäre konfrontiert, entscheiden sie im Unternehmen, als wäre dieses ihr eigener Besitz. Das Eigentum an den Produktionsmitteln und die Verfügung über das Eigentum sind hier auseinander getreten. Nach der klassischen Definition bedeutet das, daß es in diesen Unternehmen keine Unternehmer mehr gibt. Sie wären Unternehmen ohne Unternehmer, weil die Kapitaleigentümer keine Leitungsaufgaben erfüllen und die Unternehmensleiter nicht die Kapitaleigentümer sind. Selbst dort, wo Kapitaleigentum und Leitung sich in denselben Händen befinden, also in der Mehrheit der kleineren und mittleren Unternehmen, ist die Bezeichnung der Handelnden als Unternehmer heute dubios. Viele dieser angeblichen Unternehmer haben wichtige Entscheidungsfunktionen an zentrale Instanzen außerhalb des Unternehmens abgetreten. Ein Beispiel sind die genossenschaftlichen Zusammenschlüsse in der Lebensmittelbranche. Der Einzelhändler nebenan, dem das Geschäft, das er leitet, auch gehört, überläßt Wareneinkauf, Werbung, Buchführung ganz oder teilweise dem Zentralverband, dessen Genosse er ist. Er ist Halbunternehmer, selbständig in Ausführungsentscheidungen und unselbständig in vielen Grundsatzbeschlüssen, die seine Kleinwirtschaft betreffen.

Auch die Restgruppe der Mittleren und Kleinen mit eigenem Geschäft und ohne Bindung an einen derartigen Verband weist kaum noch Ähnlichkeiten mit den alten Begriffen vom Unternehmer auf. Diese

Selbständigen, einst die Könige der Produktion, sind indirekt Hintersassen der großen Unternehmen geworden und stehen mittelbar oder unmittelbar in Abhängigkeit. Eindrucksvoll hat Friedrich Pollock das vor einigen Jahren mit Beispielen aus der amerikanischen Wirtschaft illustriert: »Man hat ausgerechnet, daß die Entscheidungen, welche von der Generaldirektion der größten amerikanischen Automobilfirma getroffen werden, über die halbe Million ihrer eigenen Angestellten und Arbeiter hinaus noch vierhunderttausend Personen bei ihren Händlern und Verteilungsstellen direkt betreffen und indirekt etwa eine weitere Million Menschen bei den 21 000 Lieferfirmen. Das größte amerikanische Versandhaus bezieht seine Waren von etwa 10 000 Firmen mit einer Belegschaft von 1,6 Millionen. Die zweitgrößte Firma für elektrische Apparate hat über 100 000 Verteilungsstellen, und die Arbeiterschaft ihrer Lieferanten ist ebenfalls ein Vielfaches ihrer eigenen Belegschaft. Da in Amerika jeder vierte Lohn- und Gehaltsempfänger bei den 200 größten Aktiengesellschaften beschäftigt ist und man annehmen kann, daß diese Gesellschaften für jeden ihrer eigenen Lohnempfänger indirekt zwei weitere bei ihren Liferanten beschäftigen, besteht die große Wahrscheinlichkeit, daß von den Entscheidungen der Leitungen der 200 größten Gesellschaften die wirtschaftliche Existenz von drei Viertel der Arbeitnehmer in der amerikanischen Industrie stark beeinflußt wird.«*

Die Wirklichkeit selber zwingt dazu, von den tradierten Unternehmerbegriffen Abschied zu nehmen. Bedenkt man alle die Veränderungen, die ihnen widerfuhren, dann wäre es zweckmäßig, ganz auf sie zu verzichten. Das verbietet jedoch die praktische Vernunft. Wie immer unscharf geworden, hält sich der Terminus so zäh, daß es unrealistisch wäre, ihn zu ignorieren. Deshalb übernehmen wir ihn hier und verwenden ihn als Benennung für diejenigen Personen und Gruppen, die innerhalb eines Unternehmens die für das ganze Gebilde maßgebenden Beschlüsse formulieren und durchsetzen können. Unternehmer wird damit zum Synonym für Unternehmensleiter, gleichgültig, ob er Angestellter oder Eigentümer, ob er ein Neuerer oder bloß Verwalter von Vorhandenem ist.

Diese Unternehmensleiter, und unter ihnen vor allem die in größeren Unternehmen, befinden sich heute in einer schwierigen Situation, weil ihre Aufgaben sich wandeln. Das gilt zunächst, aber nicht allein, für die primär ökonomischen Funktionen. Wie der Betriebswirtschaftler Bleicher feststellt, muß davon ausgegangen werden, daß diese Aufgaben sich weiter verändern. Ihr Umfang und das Tempo ihres Wandels

* *Friedrich Pollock,* Automation – Materialien zur Beurteilung der ökonomischen und sozialen Folgen, Frankfurt/M. 1956, S. 258.

nehmen zu. Zugleich dehnen sie sich mit fortschreitender Konzentration und wachsender internationaler Verflechtung auch rein räumlich aus. Hinzu kommt, daß der Anspruch an die Qualität der Aufgabenerfüllung steigt. Bleicher resumiert, durch die rascher ablaufenden Umweltveränderungen würden die Unternehmung und ihre Subsysteme ständig mit neuen Situationen konfrontiert, die gemeistert werden müssen, wenn das Ganze nicht zugrunde gehen soll.

Die vielleicht wichtigste Veränderung betrifft jedoch nicht die eigentlich wirtschaftlichen Funktionen. Bedeutsamer wird allmählich der Zuwachs an Aufgaben sozio-politischer Natur. Sie sind ein neues Element im Aggregat der Tätigkeiten von Unternehmensleitern. Je nachdem, wie sie damit fertig werden, entscheiden Unternehmer über die Zukunft ihres eigenen Berufs, über das künftige Bild von sich selbst, über die weitere Entwicklung der kapitalistischen Wirtschaftsverfassung und der politischen Demokratie. Die umgebende Gesellschaft zwingt Unternehmensleiter dazu zu lernen, daß sie auch politische und soziale Aufgaben wahrnehmen müssen. Was damit gemeint ist, wird vielleicht deutlicher, wenn man sich kurz an einige historische Sachverhalte erinnert.

Der durchschnittliche Unternehmer in der Mitte des 19. Jahrhunderts hatte wenig Anlaß, sich anders als in caritativer oder philosophischer Manier mit politischen und sozialen Problemen zu befassen. Arbeitskräfte zu finden war leicht, und leicht war auch, kritische Geister in der Belegschaft loszuwerden und durch Anführer der Fügsamkeit zu ersetzen. Als die Arbeiterbewegung wuchs, konnte er sich darauf verlassen, daß der Staat sie bändigte, meist mit rigorosen Verbotsgesetzen. Die Abschirmung gegen den Staat selbst sowie gegen andere Organisationen war Sache der gegen Ende des vorigen Jahrhunderts sich bildenden Unternehmerverbände. Dem einzelnen Mitglied garantierten sie das Recht und die faktische Chance, sich ganz auf seine wirtschaftlichen Aufgaben zu konzentrieren. Das änderte sich erst mit der Errichtung und vor allem in der Zerfallsperiode der Weimarer Republik. Jetzt reichten politische und soziale Auseinandersetzungen direkt in die Unternehmen und Betriebe hinein. Immer noch war es jedoch relativ einfach, ohne eigene geistige Anstrengung mit Kritikern und Gegnern fertig zu werden, weil mächtige politische Helfer und vor allem weil wirksame Sanktionsmittel wie Entlassungen und Lohnkürzungen zur Verfügung standen. Unter dem nationalsozialistischen Regime gab es dann überhaupt keine nicht-wirtschaftlichen Probleme. Unternehmensleiter konnten und sollten das Denken über außerökonomische Fragen und die Bewältigung außerökonomischer Schwierigkeiten der Partei überlassen. Sie konnten und sollten politisch willige Technokraten sein und sind das ebenso wie die meisten anderen sozialen Führungsgruppen normalerweise auch gewesen. Ansprüche an ihre politische Denkfähigkeit wurden nicht erhoben.

In anderen Formen und aus anderen Gründen stellte sich dieser Zustand auch wenige Jahre nach dem Zusammenbruch wieder her. Jetzt waren es weniger Parteien und Regierungen, die den einzelnen Unternehmer von der Beschäftigung mit den Problemen der weiteren Gesellschaft dispensierten, und mehr die allgemeinen Stimmungen im Land – die aus dem Zwang zum Wiederaufbau und aus der Tradition genährte Hinnahmebereitschaft der Masse der Menschen. Sie akzeptierten die Verhältnisse in Betrieben und Unternehmen, weil ihre Einkünfte stiegen, der Lebensstandard wuchs, die Arbeitsbedingungen sich verbesserten und die Erinnerung an Arbeitslosigkeit, Diktatur, Krieg und sonstiges Elend noch lebendig war. Für die Leitungsgruppen in den Unternehmen war das eine angenehme Zeit. Sie hatten zwar reichlich zu tun und mußten mit mannigfachen wirtschaftlichen Widrigkeiten fertig werden. Dafür schnellten aber auch Gewinne, Gewinnbeteiligungen und Gehälter überproportional empor, und obendrein wurden selbständige und angestellte Unternehmer als Helden des Gemeinwesens, als Pioniere des Aufbaus gepriesen. Ernste Kritik an der Ordnung, die ihnen diese Leistungen abverlangte und diese materiellen und immateriellen Vorrechte schenkte, gab es nicht. Streiks waren selten und unpopulär, der Hinweis auf die Verhältnisse in der DDR brachte abweichende Stimmen rasch zum Schweigen – kurz, eine Epoche politischer, sozialer und geistiger Stabilität, die zugunsten der Unternehmer wirkte. Getrost konnten sie die Regelung außerwirtschaftlicher Fragen den eigenen Verbänden und den eigenen politischen Repräsentanten übertragen, ohne sich durch solche Abstinenz zu schaden.

Diese – aus Unternehmersicht – goldenen Jahre sind inzwischen vorbei, und keine noch so finanzstarke Sehnsucht bringt sie zurück. Statt der Glorifizierung von Unternehmer und Unternehmerleistung beherrschen seit einiger Zeit kritische Überlegungen die öffentliche Diskussion. Die Kernpunkte der Kritik sind bekannt. In erster Linie richtet sie sich gegen die auf dem Privateigentum an den Produktionsmitteln basierende Marktwirtschaft und deren soziale und politische Konsequenzen. Angegriffen werden die Orientierung des Wirtschaftens an der Erzielung von Gewinn; die Diskrepanz zwischen privatem Reichtum und öffentlicher Armut; die Ungleichheit der Vermögensverteilung; der Widerspruch zwischen gemeinsamer Erarbeitung der Erträge und der privaten Verfügung über sie; die Ordnung der Anweisungsbefugnisse, die so aussieht, daß alle Befehlsgewalt von oben nach unten und alle Verantwortung von unten nach oben verläuft.

Die Kritiker ziehen aus diesen Sachverhalten den Schluß, auch und gerade die Unternehmen müßten in eine Neuordnung der ganzen Gesellschaft einbezogen werden. Sie verlangen mehr materielle Gleichheit durch Veränderungen des Steuerwesens und der Vermögensverteilung, und mehr immaterielle Gleichheit durch ein größeres Maß an Mitbestimmung oder an Demokratie.

Einige der so oder ähnlich argumentierenden Gruppen meinen, es sei unmöglich, die geschilderten Strukturdefekte innerhalb der Marktwirtschaft zu reparieren. Nötig wäre vielmehr die sog. Systemüberwindung durch radikale Reform oder sogar durch Revolution. Es sind indes nicht diese Gruppen und diese Programme, aus denen sich für Unternehmensleiter neue, nicht-wirtschaftliche Aufgaben ergeben. Nicht das Auftreten von Radikalen ist das spezifisch Neue in der gegenwärtigen Situation, sondern die Breite der nicht-radikalen Wirtschafts- und Gesellschaftskritik. Der seit einigen Jahren mal stärker, mal schwächer aufbrechende Aufruhr in den Kirchen, der Bundeswehr, den Hochschulen, in Verlagen, Gewerkschaften, politischen Parteien und anderen Institutionen wird ja nicht primär von Extremisten getragen. Seine ernst zu nehmenden Träger sind vielmehr demokratisch orientierte Gruppen. Sie propagieren zwar keine wirklich neuen Ideen, sind aber inzwischen so zahlreich, daß allein ihre Quantität eine neue Qualität darstellt – eine neue Situation auch für die Leiter von Wirtschaftsunternehmen schafft. Faktisch bedeutet die Kritik, daß Sinn- und Legitimationsfragen wieder Aktualität erhalten – die Frage nach dem Sinn des Wirtschaftens und die nach der Legitimation der Rechte von Unternehmensleitern.

Diese Sinn- und Legitimationsfragen werden auch in der absehbaren Zukunft nicht verstummen. Sie sind keine vorübergehende Mode, sondern Produkte der Haupttatsachen unserer Nachkriegsexistenz: des materiellen Wohlstandes und der politischen Demokratie. Der Wohlstand gilt den nachwachsenden Generationen als gesichert. Weder ist er für sie Ziel und Zweck ihres Daseins noch glauben sie, daß er durch scharfe Kritik zu gefährden sei. Für gesichert halten sie auch die Verfassung der Demokratie. Infolgedessen sehen sie den erreichten Zustand als Anfang weiterer Schritte zu Gleichheit und Freiheit und nicht als Ende einer Rekonstruktion, die nun ihrerseits nicht mehr eingreifend zu verändern sei. Die neuen Mentalitäten sind ein Luxusprodukt, freundlicher gesagt: sie sind das Ergebnis erreichter materieller und immaterieller Freiheiten, der Befreiung vom Armutsdruck, vom Druck diktatorischer und patriarchalischer politischer und familialer Autorität.

Das Vordringen des auf mehr Gleichheit gerichteten Denkens wird auch gefördert durch eine weltweite Entwicklungstendenz, die ihm auf den ersten Blick zu widerstreiten scheint. In Wirtschaft und Politik, in der Forschung und in der angewandten Kunst geht die Bedeutung des Individuums zurück. Immer weniger hängt die Richtung wissenschaftlicher, technologischer, ökonomischer und politischer Entwicklungen vom Eingreifen einzelner Personen ab. Der Gesamtprozeß ist so komplex, daß niemand ihn allein zu steuern vermag. Dafür stünden ihm zu viele Mitbestimmungsansprüche entgegen: von anderen Staaten auf der internationalen Szene, von anderen Gruppen auf der nationalen. Zugleich ist auch niemand mehr in der Lage, alles Wissen zu erwerben, das eine Voraussetzung für die volle Verwirklichung seines Willens wäre. Immer gibt es einen Spezialisten, der einen zu widerlegen weiß, und immer ein paar Gruppen, die noch den Mächtigsten Paroli bieten. Eine Folge davon ist die universale Durchsetzung von relativ neuen Beratungs- und Entscheidungsstrukturen. An die Stelle des einsamen Selbstgesprächs tritt die Gruppenstruktur des Beratens, an die Stelle der einsamen Beschlüsse die Gruppenstruktur des Entscheidens. Stärker denn je sind nationale und internationale Entscheidungen Kompromisse – Kompromisse zwischen divergierenden Gruppeninteressen. Die Entscheidungen werden damit nicht automatisch gerechter, weil Kompromisse noch nicht bedeuten, daß alle an ihnen Beteiligten gleichermaßen zum Zuge kommen. Die formale Struktur ihres Zustandekommens hat sich jedoch so gewandelt, daß der individuelle Beitrag zwar nicht verschwunden, wohl aber geringer geworden ist. Ein Indiz dafür ist die kuriose Tatsache, daß diejenigen, die von den jeweils anderen als wirklich mächtig angesehen werden, sich selbst nicht für mächtig halten: Top-Manager und Top-Gewerkschaftler sagen, sie hätten im Grunde keine Macht, Macht besäße die Staatsgewalt; die Repräsentanten der Staatsgewalt wiederum fühlen sich vielfach so beengt, daß, wie sie meinen, von Machtausübung durch sie nur begrenzt die Rede sein könne. Man kann das durch alle Gruppen fortsetzen und stößt regelmäßig auf das wunderliche Faktum, daß die einen die anderen für mächtig und sich selber für nicht mächtig ausgeben und umgekehrt. Diese subjektive Reaktion scheint eine Folge jener Wandlung der formalen Struktur des Zustandekommens von Entscheidungen zu sein, die vorhin skizziert worden ist. Die Wandlung stützt die Ausbreitung der ebenfalls schon geschilderten, auf mehr Gleichheit gerichteten Mentalitäten. Breite Gruppen, die bisher nur Objekte von Entscheidungsprozessen waren, haben inzwischen als Lieferanten von Teilstükken, als Zubringer von Informationen, als Übermittler der durch sie vertretenen Interessen faktisch an ihnen teil, ohne formell bereits dazu berechtigt oder damit beauftragt zu sein.

Das Verlangen nach mehr Gleichheit als Gleichheit der Teilhabe am materiellen Fortschritt und als Gleichheit der Einflußchancen ist also keine vorübergehende oder bloß modische Erscheinung. Wenn das stimmt, dann, so muß man folgern, werden sich die bereits eingetretenen und die noch bevorstehenden Wandlungen im kollektiven Bewußtsein zu neuen Aufgaben nicht nur für die politischen, sondern auch für die wirtschaftlichen Entscheidungsgremien summieren. Unternehmensleiter werden dann zunehmend genötigt sein, ihre Stellung in der Gesellschaft neu zu durchdenken. Sie müssen prüfen, worin ihre Aufgaben bestehen sollen; ob es weiterhin genügt, im Elfenbeinturm bloß wirtschaftlicher Betätigungen zu leben; nach wie vor darauf los zu produzieren, ohne sich um die Folgen und Nebenwirkungen zu kümmern. Kurz, Unternehmensleiter werden dazu übergehen müssen, auf die wachsende Kritik an ihren Vorrechten und dem diese Rechte sichernden System zu reagieren. *Wie* werden sie reagieren?

Niemand ist heute in der Lage, darauf eindeutige Antworten zu geben. Möglich ist lediglich, wahrscheinliche Reaktionsweisen herauszuarbeiten – Reaktionsmuster, von denen zu erwarten steht, daß die eine oder andere Gruppe in der Gesamtheit der Unternehmensleiter ihnen folgt.

Eine denkbare Reaktion ist der Versuch, der Kritik durch Unterstützung rechtsradikaler politischer Parteien oder ihnen verwandter Gruppen zu begegnen. Diese Gruppen, unter welchem Namen sie auch auftreten mögen, halten sich stets an das gleiche Schema: sie rufen nach Ordnung und verstehen unter Ordnung vor allem polizeistaatliche Maßnahmen zur Unterdrückung von Kritikern, zur Unterbindung freier Diskussion, zur Erhöhung unkontrollierter staatlicher und zur Verminderung gewerkschaftlicher Macht. Solche Gruppen haben gerade wieder eine beträchtliche Konjunktur. Sie verwerfen alle Kritik an überkommenen Privilegien als kommunistisch, betreiben Panikmache nach dem Motto: »alte und neue Linke bereiten einen Großangriff auf die bestehende Gesellschaftsverfassung vor«, diffamieren sozialdemokratische und liberale Parteien als totalitär-sozialistisch und so fort. Der Grundriß dieser Reaktionen ist bekannt. Stets behauptet man eine Verschwörung – die Verschwörung des internationalen Kommunismus, des internationalen Großkapitals, der Freimaurer, der Juden –, aktiviert auf diese Weise latent vorhandene Angst und schafft sich durch vage Heilsversprechungen eine der eigenen Machtausübung dienende Anhängerschaft.

Zahlreiche Untersuchungen aus den letzten Jahrzehnten haben bestätigt, daß beträchtliche Teile namentlich der mittelständischen Unternehmerschaft in den westlichen Ländern immer wieder den zitierten Parolen erlagen. Furcht vor dem Verlust oder der Verschlechterung der eigenen wirtschaftlichen und sozialen Position, vor einer wirklich oder vermeintlich mächtigen Linken, vor Gewerkschaften *und* vor Großunternehmungen, nicht zuletzt schließlich vor arbeitnehmerfreundlichen Parteien trieb sie ins Lager einer strikt autoritären Politik.

Es ist nicht auszuschließen, daß diese Reaktionen hierzulande zunehmen, wenn die Angriffe auf Unternehmer heftiger werden. Was immer sich an Erklärungen dafür anführen läßt, in jedem Fall handelt es sich um selbstmörderische Schritte. Sie können nicht erreichen, was sie nach dem Wunsch der derart Handelnden erreichen sollen, nämlich die Sicherung der einmal errungenen Position. Im Gegenteil: eine Stärkung rechtsradikaler Parteien würde die sozialen Gegensätze verschärfen, Unruhe in die bisher davon verschonten Betriebe bringen und sie in den von ihr bereits erfaßten erhöhen, Investitions- und Kaufbereitschaften vermindern und die Wirtschaftslage gerade der Unternehmer massiv verschlechtern. Statt ihre eigenen Interessen zu fördern, sägen die mit dem Rechtsradikalismus sympathisierenden Unternehmensleiter nur die Äste ab, auf denen sie jetzt sitzen – von den Folgen für das Gemeinwesen insgesamt ganz zu schweigen.

Unternehmensleiter können freilich auch anders reagieren. Wahrscheinlich ist, daß manche sich zu Abwehrmaßnahmen entschließen, die zwar nicht rechtsradikal, wohl aber ebenfalls demagogisch und für die eigenen Interessen schädlich sind. Ein Beispiel für eine solche Reaktion ist die Annonce unter dem Titel »Wir können nicht länger schweigen«, die 1971 in mehreren Zeitungen erschien. Sie war unterzeichnet von 62 Wirtschaftlern, die man wohl zu den einflußreichsten und bedeutendsten ihres Berufs rechnen darf. Thema der Annonce war die wirtschaftspolitische Situation, Tenor des Ganzen Pessimismus mit masochistischem Unterton. Im einzelnen hieß es, die Geschäftserwartungen der Unternehmen seien »noch nie« so pessimistisch gewesen, der Rückgang der Unternehmenserträge habe ein »nie« dagewesenes Ausmaß erreicht, die Leistungskraft der Wirtschaft erlahme, die erneute Aufwertung der DM in Verbindung mit handelspolitischen Beschränkungen der USA habe die Wettbewerbsfähigkeit im Welthandel »schwer beeinträchtigt«, die gesamte Wirtschaft werde weit zurückgeworfen und die Arbeitsplätze würden bedroht – vor allem durch die Währungspolitik der sozial-liberalen Regierungskoalition, durch Pläne für die Steuerreform und die Vermögenspolitik. Da, so befanden die 62 Unternehmer, könnten sie nicht länger schweigen, dürften sie nicht länger zögern, müßten sie helfen, von unserem Land »schweren Schaden« abzuwenden.

Die Annonce ist ein charakteristisches Beispiel für blinde Abwehr gegen alles, was nicht den eigenen Vorstellungen entspricht. Daß in einer Demokratie jede Gruppe das Recht besitzt, ihre spezifischen Interessen nachdrücklich zu vertreten, versteht sich von selbst. Problematisch ist im vorliegenden Fall auch nicht die Interessenvertretung schlechthin, sondern ihre Art und Weise. Die Annonce zeigt, daß ihre Unterzeichner hinsichtlich des Denkens in sozio-politischen Kategorien seit den 50er Jahren nichts hinzu gelernt haben. Mit Recht ist ihr Produkt daher sehr rasch in der Versenkung verschwunden. Seine Verfasser und Unterzeichner blieben in dem Stil der Pseudo-Argumentation, der vor fünfzehn Jahren noch Anklang fand, als ja bekanntlich die Lage mehrfach noch nie so ernst war. Sie operieren mit falschen Tatsachenbehauptungen, bedienen sich eines schlechten nationalen Pathos, verwenden eine auf Angsterzeugung gerichtete Sprache und bringen – das ist in unserem Zusammenhang besonders wichtig – nicht einen einzigen eigenen Gedanken, nicht eine einzige neue Idee, wie man denn der angeblich lebensgefährlichen Schwierigkeiten Herr werden könnte. Daß hier der Versuch unternommen worden wäre, die eigenen Interessen sachkundig und anregungsreich zu vertreten, kann man beim besten Willen nicht sagen.

Ein weiteres Indiz für die Neigung, die eigenen Interessen eher demagogisch als sachkundig zu vertreten, sind die Vorgehensweisen einiger großer Wirtschaftsverbände. Hier werden alle Versuche einer nicht bloß technischen Veränderung der Arbeitswelt ohne weitere Auseinandersetzung mit ihnen rasch als totalitär denunziert, als kommunistisch oder als Vorbereitung einer kommunistischen Umwälzung. Jede Übertragung von Gleichheitsideen aus der Sphäre des Staates in den Wirtschaftsbereich wird auf das schärfste abgelehnt, noch ehe man die Ideen überhaupt geprüft hat. Durchweg wird die Kritik auch nicht radikaler oppositioneller Gruppen als Störungsbemühung abgetan, für die unzurechnungsfähige oder mutwillig destruierende Einzelne verantwortlich seien. Schon die bloße Frage, ob denn die bestehende Wirtschaftsverfassung so gerecht, so human, so freiheitsverbürgend sei wie viele Jahre behauptet, gilt als Sakrileg.

Verbandsäußerungen geben selten ein völlig korrektes Bild von dem, was die Mitglieder denken. Auch diese, also die Leitungsgruppen der Unternehmen, dürften jedoch für neue sozio-politische Aufgaben kaum hinreichend vorbereitet sein. Wo sie sich mit nicht primär ökonomischen Sachverhalten befassen, besteht bei ihnen ebenfalls eine Tendenz, auf abgegriffene, längst nicht mehr überzeugende ideologische Formeln zurückzugehen. Ein Beispiel ist die beliebte Selbstdeutung, derzufolge ein selbständiger oder ein angestellter Unternehmer zuerst einmal als »Persönlichkeit« zu charakterisieren sei. Die Funktion des Unternehmers sei weniger Beruf als Berufung, ihre Handhabung könne man nicht lernen, man müsse dazu geboren sein. Ein solches Schlagwortdenken dient dazu, die eigene Tätigkeit gegen die sachliche Durchleuchtung und sachliche Prüfung abzuschirmen und sie damit der Beurteilung nach objektiven Maßstäben zu entziehen.

Weitere Indizien für die mangelnde Fähigkeit, Prozesse in der umgebenden Gesellschaft nüchtern und sachlich richtig zu sehen, ergeben sich aus empirischen Untersuchungen über leitende Angestellte in Großunternehmungen. Hier scheint die Neigung verbreitet, die eigene Leistung gründlich zu überschätzen und die Forderung nach einer Politik zur Besserstellung sozial schwacher Schichten von vornherein als ungerechtfertigt und unerhört abzutun. Elitäre Selbstdeutungen und naive Bewertungen des Verlangens fremder Gruppen dominieren. Das ist gewiß keine Rüstung, in der man Kritikern in erfolgversprechender Weise entgegentreten kann.

Die gerade geschilderten möglichen und die bereits praktizierten Reaktionen auf eine nicht-revolutionäre Kritik an Marktwirtschaft und Unternehmern, auf Forderungen nach mehr materieller und immaterieller Gleichheit in der Gesellschaft insgesamt, charakterisieren sicher nicht nur eine kleine Minderheit von Unternehmern, die bloß noch Nachhutgefechte austragen. So wenig man annehmen darf, diese Reaktionen wären atypisch, so wenig ist es freilich zulässig, die Gesamtheit der Unternehmer als homogenen, einheitlich handelnden, auf gleichartige Herausforderungen gleichartig antwortenden Block zu verstehen. Unternehmer oder Unternehmensleiter unterscheiden sich nicht allein nach den objektiven Merkmalen ihrer Stellung im Wirtschaftsprozeß und in der Hierarchie der Wirtschaftseinheiten, also nicht allein nach der Größe des Unternehmens, dem sie vorstehen, oder nach der Branche, in der es tätig ist; auch nicht nur nach dem Grad ihrer Beteiligung am Unternehmenskapital. Sie unterscheiden sich auch nach Denk- und Verhaltensweisen, nach Denk- und Verhaltensbereitschaften. Das ist schon deshalb zu vermuten, weil Inhalte und Umstände ihrer Arbeit differieren, weil sie aus verschiedenen Schichten innerhalb der Gesamtheit der Mittelschichten kommen, weil sie in verschiedenen Familien aufgewachsen sind, verschiedene Lebensgeschichten haben, verschiedenen Altersgruppen angehören. Die vulgärmaterialistische Annahme, einzig ihre Stellung zu den Produktionsmitteln, also die Tatsache, daß sie Kapitaleigentum haben oder ohne Eigenbesitz doch darüber verfügen, lege ihre Interessen, die Interessendeutung und die Verhaltensweisen fest, ist sicher falsch. Dafür gibt es eine wachsende Zahl empirischer Belege. Aus dem Zweifel an der Zulässigkeit der bisherigen Theorie und Praxis, die die Nettogewinne eines Unternehmens ganz den Kapitaleignern zuschlägt und damit ignoriert, daß sie das Resultat der gemeinsamen Arbeit aller Beschäftigten sind, zogen einige Unternehmer die Konsequenz und übertrugen Teile ihres Kapitals und seiner Erträge an Stiftungen mit gemeinnützigen Funktionen. Ein Beispiel ist die vor wenigen Jahren errichtete Georg-Pfaff-Gedächtnisstiftung in Kaiserslautern, deren Einkünfte für die Verbesserung des Bildungssystems und für Projekte im Gesundheitswesen verwendet werden. Sie kommen dem Gemeinwesen insgesamt zugute, dem Ausbau seiner materiellen und seiner geistigen Infrastruktur. Bevorzugt setzt das Kuratorium sie für Reformbestrebungen und für die Erforschung der Daseinsbedingungen sozial benachteiligter Gruppen ein.

Den Anstoß zur Errichtung dieser – hier nur als Beispiel herangezogenen – Stiftung gaben sowohl die schon skizzierten moralischen Erwägungen, also der Zweifel an der Legitimität einer einzig die Kapitaleigner begünstigenden Verteilung des Reingewinns, als auch die politische Einsicht, daß die Marktwirtschaft nur durch Veränderung der überkommenen Distributionsformen überleben kann. Der Initiator des Projekts hat das so formuliert: »Wenn man vier Kinder hat, ist man ja gezwungen, sich mit der Gestaltung von Gesellschaft und Umwelt in der Zukunft zu befassen. In einer privatwirtschaftlich orientierten Gesellschaftsordnung ist ein an der Spitze eines großen Wirtschaftsunternehmens Stehender nun einmal im Besitz eines gewissen – auch außerbetrieblichen – Einflusses. Man kann ihn unterschiedlich nutzen, zur Verteidigung des Status quo oder zur Schaffung sinnvoller Veränderungen. Das erstere kommt mir vor wie ein Dammbau: Wenn der Druck wächst, kann der Damm eines Tages bersten und der Strom der dann unkontrollierten Veränderung alles mit sich fortreißen. Der andere Weg entspricht mehr dem Bau eines Kanals: Man kann zwar nicht durchsetzen, daß der Strom etwa bergauf fließt, aber man kann durch Kanalisationsarbeiten – sprich Reformen – daran mitarbeiten, daß revolutionäre Veränderungen rechtzeitig und sinnvoll vor sich gehen, ohne Bewährtes mitzuspülen.«

Die Zahl ähnlicher Gründungen ist zwar klein, aber doch nicht so klein, daß man sie als nichtssagende Ausnahmen abtun könnte. Ähnlich verhält es sich mit den Versuchen, neue Formen für die Binnenstruktur der Firmen zu finden, die den Mitarbeitern größere Möglichkeiten der Selbstbestimmung am Arbeitsplatz bieten. Ein Schritt auf diesem Weg ist etwa das vom Bundesverband Junger Unternehmer erarbeitete Unternehmensstatut. Es sieht einen Abbau des alten Vorgesetzten-Untergebenenverhältnisses und seine Ersetzung durch die Entscheidung gleichberechtigter Gruppenmitglieder vor. Der Vorgesetzte soll zum Assistenten seiner Mitarbeitergruppe werden, die ihrerseits selbst darüber befindet, wie sie ihre Aufgaben erfüllt. Geplant ist auch, an der Festsetzung der Unternehmensziele einen breiteren, bis in die untersten Ränge reichenden Personenkreis zu beteiligen, also die Zielfindung innerhalb der durch die Marktwirtschaft gezogenen Grenzen nicht mehr wie bisher allein den Unternehmensleitern zu überlassen.

Programm und Realität sind verschiedene Dinge, und offen ist, wie häufig und wie gründlich und mit welchen Ergebnissen man heute dieses Modell schon praktiziert. Bei aller Skepsis gegenüber dem Wert bloßer Absichtserklärungen gilt aber doch, daß es ohne sie nicht zu vernünftigen Veränderungen kommen kann. Sicher reicht die Absicht allein nicht aus, aber ohne Verbesserungsabsichten bleibt bestimmt alles beim schlechteren alten. Welche Motivationen auch zu den neuen Ideen führen, sie sind eine notwendige, wenngleich keine zureichende Bedingung für Fortschritte auf dem Weg zu mehr Demokratie.

Die Versuche, gerechtere Formen der Gewinnverteilung und nichtautoritäre Weisen der Kompetenzverteilung zu entwickeln, belegen die These, daß die Gesamtheit der Unternehmensleiter nicht einheitlich auf alte Kritik und neue Herausforderungen reagiert. Im Hinblick auf die Wahrnehmung sozio-politischer Aufgaben und die Einstellung zu den Prinzipien der Demokratie ist diese Gesamtheit in sich heute wahrscheinlich stärker differenziert denn je. Größere Gruppen von Unternehmensleitern sind unsicher geworden, und die Unsicherheit führt sie zu ganz verschiedenen Reaktionen – von der Hoffnung auf Hilfe durch antidemokratische Gruppen bis zu dem Bemühen, Modelle der partiellen Selbstbestimmung durchzusetzen; von der apologetischen Betonung der eigenen Leistung und dem Selbstmitleid über angeblich unberechtigte Kritik bis zur nüchternen und tätigen Bereitschaft zur Reform.

Viele Anzeichen sprechen freilich dafür, daß diejenigen, die aus den Angriffen auf ihre Privilegien vernünftige Konsequenzen ziehen, bisher nur eine kleine Minderheit sind. Sie sind vermutlich zahlreicher unter den Leitern von mittelgroßen Unternehmen als im Kreis der kleinen Unternehmer, zahlreicher in den ganz modernen Branchen als in den traditionellen Industrien, zahlreicher unter den Firmenchefs als unter den Chefs der Wirtschaftsverbände. Die Bereitschaft, freiwillig und ohne unmittelbaren Druck mit Reformen zu experimentieren, setzt ein hohes Maß an persönlicher und wirtschaftlicher Unabhängigkeit voraus. Diese Voraussetzung ist bei Leitern größerer Unternehmen häufiger erfüllt als bei den Vorstehern in den ihrerseits stets gefährdeten kleinen.

Wenn es stimmt, daß das Verlangen breiter Schichten nach mehr materieller und immaterieller Gleichheit in den nächsten Jahren und Jahrzehnten weiter zunehmen, und daß es sich immer nachdrücklicher auch auf die Wirtschaftsunternehmen richten wird, dann reicht langfristig die Aufgeschlossenheit einer Minorität von Unternehmensleitern nicht aus. Nötig ist dann, daß die *Mehrheit* dieses Kollektivs zu flexibleren Haltungen und Praktiken kommt. Solche Flexibilität wird ihnen durch ihr eigenes Interesse an der Erhaltung des marktwirtschaftlichen Systems geboten. Flexibilität oder vernünftige Anpassung an Veränderungen in der umgebenden Gesellschaft verlangt von Unternehmensleitern, daß sie eine von ihnen bisher nur im Rahmen ihrer engeren wirtschaftlichen Aufgaben bewiesene Einstellung auf die sozio-politischen Aufgaben übertragen. Innerhalb der spezifisch ökonomischen Funktionen ist Flexibilität als produktive Anpassung etwa an neue technische oder neue organisatorische Entwicklungen für sie eine um der Selbsterhaltung willen geübte Selbstverständlichkeit. Wer hier bloß starr, bloß abwehrend reagiert, gräbt sich selbst sein Grab. Daß Starrheit im sozio-politischen Bereich ebenfalls zu ruinösen Resultaten führt, hat sich dagegen bei den Handelnden noch seltener herumgesprochen. Hier steht die Probe aufs Exempel der Beweglichkeit noch bevor.

Beweglichkeit im angedeuteten Sinn erfordert zunächst einmal die ernsthafte Auseinandersetzung mit den Argumenten der Kritik. Sie ist relativ leicht im Hinblick auf die Frage, mit welchem Recht sich denn das Wirtschaften an der Gewinnerzielung und nicht, wie es abstrakt heißt, an den Bedürfnissen der Menschen orientiert; mit welchem Recht die Wirtschaftsverfassung ausgerechnet das prämiiert, was sonst als unmoralisch gilt – an der Übervorteilung des anderen; mit welchem Recht ein Unternehmen Ziele verfolgt, die nach den Normen des zwischenmenschlichen Verkehrs verwerflich sind.

Diese Fragen betreffen das Prinzip der Marktwirtschaft, noch nicht die Geltung des Privateigentums an den Mitteln der Produktion. Grundsätzlich ist ja auch eine Marktwirtschaft denkbar, die nicht auf dem privaten Individualeigentum basiert. Auch dann kann es Marktorientierung einschließlich der ihr inhärenten Gewinnorientierung geben. Der Steuerungsmechanismus Marktwirtschaft hat den Vorteil, daß er die *vergleichsweise* geringsten Machtkonzentrationen mit sich bringt. Steuerungsformen planwirtschaftlicher Natur kommen nun einmal ohne starke Machtbündelungen in zentralen Bürokratien nicht aus. Diese lassen sich unabhängig von Wunsch und Willen der sie tragenden Menschen infolge ihrer Strukturgesetze weder von unten noch von außen wirksam kontrollieren. Verglichen damit ist die Marktwirtschaft, wie immer deformiert und wie sehr in ihren gegenwärtigen Erscheinungsweisen ein Fremdkörper in der Demokratie, doch das geringere Übel.

Mag der marktwirtschaftliche Steuerungsmechanismus als kleineres Übel akzeptabel sein, so ergeben sich daraus noch keine befriedigenden Antworten auf die nächste Frage: mit welchem Recht sind Gewinne *private* Gewinne? Mit welchem Recht fließen sie an private Eigentümer, mit welchem Recht verfügen private Personen über sie? Die klassischen Rechtfertigungen dafür treffen die heutige Realität nicht mehr. Weder trägt der Kapitaleigner allein das Risiko für Fehlentscheidungen im Umgang mit seinem Kapital noch kann er sich zur Begründung seines ausschließlichen Gewinnanspruchs auf die Überlegenheit seiner Leistung berufen. Das Risiko tragen alle, die im Unternehmen tätig sind, und der Verlust des Arbeitsplatzes infolge falscher Beschlüsse an der Spitze wiegt oft schwerer als der Verlust von Kapital. Überlegene Leistung wiederum, sofern sie überhaupt besteht und nachweisbar ist, kann durch höhere Festeinnahmen entgolten werden. Sie rechtfertigt jedoch nicht den Alleinanspruch auf den Gewinn, weil dieser das Ergebnis der Arbeit vieler Mitwirkender ist.

So wenig wie das private Individualeigentum an den Mitteln der Produktion, so wenig lassen sich die autoritären Anweisungsstrukturen noch legitimieren. Sie waren sachlich berechtigt und notwendig, solange die Masse der Beschäftigten aus Analphabeten und Halbalphabeten bestand und koordinierte Arbeitsprozesse ohne strikte Befehle, ohne ein Heer von Aufsehern nicht möglich waren. Diese Zeiten sind jedoch längst vorbei. Kein Unternehmen funktioniert mehr nach dem alten Schema, jedes ist auf Selbständigkeit und verantwortliche Arbeit aller Mitwirkenden angewiesen, keines kann es sich leisten, hinter jeden Arbeitsplatz einen Kontrolleur zu stellen, der dann seinerseits Oberkontrolleuren und Ober-Ober-Kontrolleuren untersteht.

Die überkommenen Begründungen für die Vorrechte von Kapitaleignern und für die umfassenden Anweisungsbefugnisse von Unternehmensleitern sind also fragwürdig geworden. Sie haben die Wirklichkeit, der sie einmal angemessen waren, überlebt und passen nicht mehr für die veränderte Realität. Unternehmensleiter werden lernen müssen, diese neuen Gegebenheiten zu begreifen und praktische Konsequenzen daraus zu ziehen. Andernfalls laufen sie Gefahr, daß die Woge der Kritik sie schließlich überrollt.

Das Hauptproblem, dem sie in der absehbaren Zukunft gegenüberstehen werden, ist die Erarbeitung und Erprobung neuer Formen für die Verteilung von Anweisungsrechten und des Gewinns, Formen, die beides gewährleisten: eine funktionsfähige Wirtschaft *und* Demokratie. So falsch, ohnmächtig und zerstörerisch das blinde Beharren auf bisherigen Rechten ist, so falsch ist sicher auch die umstandslose Übertragung der Formen parlamentarischer Demokratie auf Sozialgebilde mit anderen Funktionen – auf Unternehmen, Schulen, Hochschulen, Behörden und so fort. Offen ist, wie die richtigen Formen beschaffen sind. Wie kann man zum Beispiel mehr materielle Gleichheit erreichen und dabei doch den Eigennutz als Leistungsantrieb aktivieren? Welcher Art sind die richtigen Kompromisse zwischen Gleichheit und Ungleichheit? Wenn Mitbestimmung – in welchen Gestalten und welchen Grenzen? Wie lassen sich Gruppenentscheidung und individuelle Initiative vernünftig kombinieren?

Wer behauptet, er habe die richtigen Antworten auf solche Fragen parat, bietet nichts anderes als Hochstapelei. Wer behauptet, neue Formen seien nur um den Preis einer Zerstörung der Wirtschaft möglich, bietet ebenfalls nur Bluff. Beide Haltungen verkennen die Notwendigkeit, Kompromisse zwischen den Geboten der Funktionsfähigkeit und den Erfordernissen der Demokratie zu entwickeln. Gute Kompromisse verlangen die aufgeklärte Mitarbeit von Unternehmensleitern und die einsichtige Zusammenarbeit aller beteiligten Gruppen: der Belegschaftsvertreter, der Träger der Staatsgewalt, der Kapitaleigner, des Management.

Die meisten Unternehmensleiter sind für die Suche nach den angedeuteten Kompromissen und für die skizzierten Kooperationen noch nicht präpariert. Daraus zu schließen, sie seien *grundsätzlich* zum Umdenken weder fähig noch bereit, wäre jedoch verfrüht. Die Annahme eines prinzipiellen Unvermögens zu demokratischer Reform unter partieller Preisgabe gegenwärtiger Rechte basiert auf zu simplen und kaum jemals geprüften Prämissen. Manche ihrer Verfechter begründen sie mit dem Hinweis auf die frühen dreißiger Jahre, als die Masse der Unternehmensleiter in der Tat für antidemokratische Parteien votierte. Darin unterschieden sie sich jedoch nicht von anderen gesellschaftlichen Machteliten und auch nicht von den Anwärtern auf einen Platz in diesen Eliten, also der Masse der studentischen Jugend. Diese hatte sich überwiegend und schon vor Hitlers Machtergreifung für die Diktatur entschieden. Nicht anders verhielten sich Professoren, hohe Beamte, die Spitzen des Militärs und große Gruppen in den Führungsrängen der Kirchen. Falsch wäre es, aus den damaligen Voten eine Gesetzmäßigkeit zu deduzieren, welche besagt, daß Unternehmensleiter und die ihnen sozial verwandten Schichten immer und unter allen Bedingungen so reagieren müßten. Wie bekannt, folgen die Studierenden der Gegenwart nicht den von ihren Vorgängern praktizierten Mustern. Ebensowenig hat bisher die Masse der Hochschullehrer oder die Masse der hohen Offiziere in der traditionellen Manier auf die vehemente Kritik an ihren Privilegien und ihrem Status reagiert. Unerfindlich ist, warum ausgerechnet Unternehmensleiter darin eine Ausnahme bilden sollten, inwiefern sie im Unterschied zu anderen Einflußgruppen einem Wiederholungszwang unterliegen. Auch der Rekurs auf ihre aus der Stellung im Wirtschaftsprozeß resultierenden Interessen, die angeblich von vornherein eine faschistische oder quasi-faschistische Abwehr demokratischer Forderungen gebieten, erhöht nicht die Plausibilität der pessimistischen Vermutung. Das aus der Position sich ergebende Interesse verlangt von Unternehmensleitern heute nicht die autoritäre, sondern die flexible Reaktion. Es legt sie nicht auf antidemokratische Abwehr, sondern auf demokratische Kooperationen fest.

Unternehmensleiter, die bei offen oder verschleiert gegendemokratischen Vereinigungen Zuflucht suchen, haben nicht begriffen, was ihr Interesse dekretiert. Auch diejenigen, die sich von sog. Imagepflege oder Public-Relations-Projekten die Wiederherstellung verlorener Sicherheiten versprechen, handeln im Hinblick auf ihre eigenen Interessen irrational. Auf die Dauer ist es nicht möglich, die Schwächen der eigenen Position, die die Folgen von Schwächen ihrer Legitimationen sind, durch bloße Propaganda zu überwinden. Bewahren lassen sich die gegenwärtigen Rechte nur durch Verzicht auf diejenigen ihrer Elemente, die unter keinem Gesichtspunkt mehr legitimierbar sind, also durch Verzicht auf den *ausschließlichen* Gewinnanspruch und das *ausschließliche* Anweisungsrecht. Dieser Anspruch und dieses Recht erfüllen nicht mehr die einst mit ihnen verbundenen, dem ganzen Gemeinwesen nützenden Funktionen. In einer demokratischen Gesellschaft müssen Privilegien durch ihren Vorteil für die Gesamtheit ausgewiesen sein, andernfalls sind sie illegitim.

Demokratie und Frauenemanzipation in der Bundesrepublik

Über den Begriff der Frauenemanzipation herrscht keine Einmütigkeit.[1] Das war schon im 19. Jahrhundert so. Übereinstimmend in der Ablehnung eines Zustands, der Frauen in der Familie wie in der Öffentlichkeit unter männliche Vormundschaft stellte, waren die Kritiker uneins, wo die Grenzen der erstrebten Freiheit und Gleichheit zu verlaufen hätten. Den Verteidigern einer konservativen Auffassung schienen sie vorgezeichnet durch das, was sie die unwandelbare weibliche Bestimmung nannten. Die Natur habe den Frauen die Sorge für Kinder und Ehemann im Rahmen des privaten Haushalts übertragen, in der Familie und nicht in außerhäuslicher Tätigkeit fänden sie ihre Erfüllung. Deshalb käme es lediglich darauf an, Reformen durchzuführen, die Frauen zwar gleiche formale Rechte wie Männern, aber auch den Vorrang ihrer familialen Aufgaben garantieren würden. Ihre Freiheit müsse am Bedürfnis der Familie ihre Schranke haben, und die Gleichheit an der sogenannten natürlichen Bestimmung. Emanzipation wäre demnach die Herstellung juristischer Gleichheit bei Bewahrung gesellschaftlicher Ungleichheit, rechtliche Freiheit und faktische Unfreiheit.

Dies konservative Emanzipationskonzept wurde von einer Minderheit verworfen. Sie ging von anderen Prämissen aus. Nach ihrer Überzeugung ist Männern und Frauen gleichermaßen ein Anspruch auf Selbstbestimmung eingeboren. Selbstbestimmung schließt die Möglichkeit zur Wahl der eigenen Daseinsweise, also für Frauen die Chance ein, auch anderes als Ehefrauen, Hausfrauen und Mütter zu sein. Die Verfechter dieses Emanzipationsbegriffes meinten, Frauen seien zu solcher Selbstbestimmung durchaus fähig. Keineswegs wären sie einfach für die Familie gemacht. Es gäbe kein Naturgesetz, das ihnen die Mut-

[1] Ausschnitte aus diesem Kapitel habe ich unter dem Titel »Freiheit und Frauenemanzipation« veröffentlicht, in: Freiheit, die sie meinen. 17 Beispiele, hrsg. von *Uwe Schultz*, Frankfurt/M. 1967 (Fischer-Bücherei 833). Einige Passagen sind enthalten in meinem Vortrag »Frauen in der Leistungsgesellschaft«, in: Hessische Hochschulwochen für staatswissenschaftliche Fortbildung, 72. Band, Bad Homburg–Berlin–Zürich 1972.
Die Materialien über die erwerbstätigen Frauen entnehme ich einer Erhebung, die 1971 gemeinsam vom Centre National de Sociologie du Droit Social an der Freien Universität Brüssel, von EWG-Behörden, der Zeitschrift BRIGITTE, dem Gießener Büro für Wirtschafts- und Sozialforschung unter der Leitung von *Karl W. Boetticher* und mir durchgeführt worden ist. Die Ergebnisse werden voraussichtlich im Herbst 1973 unter dem Titel »Berufstätige Frauen in der EWG. Eine empirische Untersuchung über 7000 Arbeitnehmerinnen« als Fischer-Athenäum-Taschenbuch publiziert.

ter- und Gattinnenrolle ein für allemal als erste und einzige zuweist. Ebensowenig wären sie außerhalb des Hauses bloß für Hilfstätigkeiten qualifiziert. Sie könnten Minister, Professoren, Diplomaten, Techniker, Parteiführer werden, wenn sie nur Gelegenheit erhielten, die entsprechenden Eigenschaften auszubilden und wirklich gleichberechtigte Partner zu sein. Nötig sei, Bedingungen zu schaffen, unter denen Frauen ebenso wie Männer in der Lage wären, ihre Talente zu entwickeln und alle Positionen zu übernehmen, die ihren Neigungen und Begabungen entsprächen.

Die Entwicklung im 20. Jahrhundert hat den Nachweis gebracht, daß die konsequenten Vorstellungen über weibliche Fähigkeiten richtig sind und die Theorien ihrer natürlichen Begrenztheit falsch. In allen Industriestaaten und in mehreren Entwicklungsländern füllen Frauen Ämter aus, von denen die Befürworter einer partiellen Emanzipation meinten, Frauen seien von Haus aus für sie nicht disponiert. Längst gibt es Politikerinnen, Wissenschaftlerinnen, Diplomatinnen, Technikerinnen. Jede von ihnen bestätigt, daß die Unterschiede der natürlichen Begabung nicht den Linien der Geschlechtsunterschiede folgen. Ist aber der Beweis dafür erbracht, dann ergibt sich der richtige Emanzipationsbegriff von selbst. Dann heißt Emanzipation nicht Gewährung formaler Rechte bei fortbestehender Bindung an die traditionellen Funktionen und einen engen Begriff der weiblichen Natur. Vielmehr bedeutet Emanzipation das Recht und die faktische Möglichkeit, sich von restriktiven Wesensideologien zu befreien und Tätigkeiten nachzugehen, die den Stereotypen widersprechen. Das gilt für Frauen *und* für Männer. In einer emanzipierten Gesellschaft wären für *beide* die Normierungen beseitigt, die sich einzig auf ihre Geschlechtszugehörigkeit beziehen. Unabhängig vom Geschlecht hätten sie die Chance, Neigungen zu entwickeln und Fähigkeiten auszubilden, die nicht durch Wesensdoktrinen vorprogrammiert sind, und die Gelegenheit, sich den jenen Neigungen und Fähigkeiten gemäßen Aufgaben zuzuwenden. Statt an geschlechtsbezogene Handlungsschemata wären sie an Normen gebunden, die der individuellen Entfaltung mehr Spielraum lassen und nur dort Begrenzungen setzen, wo es das Überleben des Gemeinwesens in Freiheit und die sachgemäße Aufgabenerfüllung verlangen.

Die historische Entwicklung, die den Nachweis für die Richtigkeit des konsequenten Emanzipationsbegriffes führte, hat freilich nicht *seine* Verwirklichung, sondern die des konservativen Emanzipationskonzepts gebracht. In keinem Land der gegenwärtigen Welt bestehen die Voraussetzungen für eine volle Emanzipation beider Geschlechter. Innerhalb des diese verhindernden Bedingungsgefüges sind jedoch die Möglichkeiten wenigstens für eine Annäherung an eine Emanzipation für Frauen noch schlechter als für Männer. Nirgends wurde auch nur die Vorstufe der Frauenemanzipation, die Gleichheit der Entwicklungschancen für Frauen, erreicht.

Die entsprechenden Tatsachen für die Bundesrepublik sind bekannt. Frauen haben hier zwar fast die gleichen formellen Rechte wie Männer. Die noch vorhandenen gesetzlichen Diskriminierungen, etwa die im Eherecht, sollen gemäß den 1971 und 1972 von der Bundesregierung verabschiedeten Reformentwürfen beseitigt werden. Auch die Tage der speziell auf Frauen bezogenen, ihre Ungleichheit statuierenden Klauseln in Tarifverträgen und Beschäftigungsverboten scheinen gezählt. Der Zeitpunkt ist also absehbar, an dem volle Rechtsgleichheit besteht. Schlechter verhält es sich dagegen mit den Aussichten auf die Herstellung der Gleichheit faktischer Betätigungschancen. Hier sind Frauen nach wie vor so im Hintertreffen, daß auch für die sich abzeichnende Zukunft nicht mit einer wirklichen Gleichberechtigung gerechnet werden kann.

Wie bekannt, konzentrieren sich Frauen in der Berufssphäre überwiegend auf den unteren Stufen der Betriebspyramiden, und das nun schon seit vielen Jahren. Überall, in Wirtschaftsunternehmen und in Behörden, in kulturellen Einrichtungen und in Verbänden haben sie eine breite, von Männern gebildete Anweisungsspitze über sich. Die Möglichkeiten, sich in anspruchsvollen Funktionen oder als »Vorgesetzte« zu bewähren, sind gering. Diejenigen, die die Fähigkeiten dafür besitzen, können sie nur ausnahmsweise anwenden. Das heißt, daß die Gesellschaft, die sich als Leistungsgesellschaft begreift, Frauen nicht einbezieht. In einem Leistungssystem werden die hierarchisch angeordneten sozialen Positionen durch den Mechanismus der permanenten Konkurrenz zwischen Leistungsanbietern besetzt und allen die gleichen Gelegenheiten zur Beteiligung an diesem Wettbewerb geboten. Für Frauen, und gewiß auch für andere Gruppen, gilt das Prinzip nicht. Nach Berufsstatus und Verdienst sind sie so etwas wie die Gastarbeiter in einer ihnen fremden Welt, in einer Männerwelt. Obwohl sich die Anzeichen dafür mehren, daß eine wachsende Zahl beginnt, sich gegen den virtuellen Ausschluß von der Leistungskonkurrenz zu wehren, hat sich das in der Arbeitssphäre bisher nicht, jedenfalls nicht in erkennbarer Weise niedergeschlagen.

Wichtig bleibt daher die Frage, woraus sich die berufliche Sonderstellung ergibt. Soweit sie sich in der Bescheidenheit der Ränge und Einkommen manifestiert, ist sie vordergründig und zum Teil eine Folge des niedrigen Lebensalters der weiblichen Beschäftigten und ihrer vergleichsweise kurzen Betriebszugehörigkeit. Die Masse der erwerbstätigen Frauen ist jung; ungefähr jede Zweite schied schon einmal aus. Die Mehrheit gehört infolgedessen erst relativ kurz zum Betrieb. Bei der nicht allein für die Bundesrepublik charakteristischen

Abhängigkeit der Lohn- und Gehaltshöhe vom Lebens- und Dienstalter können die meisten Frauen mithin keine Anwärterinnen für bessere Einstufungen sein. Ebenfalls behindernd wirkt sich der gegenüber den Männern durchschnittlich schlechtere Ausbildungsstand aus. Etwa die Hälfte der westdeutschen Arbeiterinnen und weiblichen Angestellten hat nur eine Volksschule absolviert, die andere Hälfte Ausbildungsgänge meist von kurzer Dauer und mäßigem Anspruch. Ungefähr jede Dritte brach ein begonnenes Training ohne Abschluß ab. Auch der durchschnittliche Zeitaufwand für den Erwerb ist geringer als bei Männern. Frauen machen normalerweise weniger Überstunden, arbeiten seltener in Schichten und im Akkord, bringen nicht so viel Zeit für den Weg zur Arbeitsstätte auf und sind häufiger auf Teilzeitbasis beschäftigt. Im Ganzen zeigen die Daten aus mehreren Studien, daß die meisten entweder keine Gelegenheit oder kein Verlangen nach stärkerem Engagement an die Erwerbsarbeit haben, daß sie nicht versuchen können oder nicht versuchen wollen, aus der Unterordnung herauszukommen, daß die außerhäusliche Arbeit für sie nur ausnahmsweise ein Mittel der Befreiung aus Unmündigkeit und Abhängigkeit ist. Überwiegend sind sie nicht in der Lage oder nicht bereit, zusätzliche Lasten für das berufliche Fortkommen auf sich zu nehmen. Falsch wäre, ihnen diese Praxis als persönliches Versagen anzukreiden oder in dem dem Leistungsprinzip widersprechenden Verhalten die primäre Ursache der niedrigen Stellung zu sehen. Statt auf individuelles Versagen gehen die Besonderheiten des weiblichen Arbeitsverhaltens auf Besonderheiten ihrer Soziallage zurück. Diese werden gleich genauer zu untersuchen sein.

Ähnlich unbefriedigend wie die Lage der erwerbstätigen Frauen ist die – bisher weniger erforschte – Situation der nicht erwerbstätigen Ehefrauen. Es ist kein Geheimnis, daß diese Frauen, die sich ganz auf Haushalt und Familie zurückgezogen haben, ebenfalls Arbeit verrichten. In der geläufigen Unterscheidung zwischen Frauen, »die arbeiten gehen«, und den anderen, die zu Hause bleiben, wird das jedoch unterschlagen. Die Gebräuchlichkeit der Unterscheidung zeigt, wie sehr wir uns daran gewöhnt haben, einzig die Erwerbsarbeit als Arbeit anzusehen, also die Normen des faktisch nicht einmal verwirklichten Leistungssystems als persönliche Maßstäbe zu akzeptieren. Zwar wird kein vernünftiger Mensch den Arbeitscharakter der Hausfrauentätigkeit leugnen. Ebensowenig kann man bestreiten, daß die Erziehungsfunktionen der Familienfrauen nicht weniger wichtig sind als die Erstellung von Gütern und Diensten für den Markt. Schließlich ist auch klar, daß die außerhäuslichen Erwerbsleistungen gegenwärtig nur durch die häuslichen Arbeiten der Frauen möglich werden. Die Hausfrauen erfüllen Zulieferdienste für die Erwerbsgesellschaft und sind für diese unentbehrlich. Trotzdem wird ihre Arbeit sozial nicht als Leistung honoriert, weil sie keine Erwerbsleistung ist. Wo nur diese als respektabel gilt, blickt man auf die andere herab. Das wirkt auf das Selbstverständnis der Hausfrauen zurück. Überspitzt kann man sagen, die Generation selbstbewußter Hausfrauen stirbt aus. Wenn das so ist, dann nicht, weil die Nachwachsenden irgendwie von Haus aus unsicherer wären, sondern weil die nur begrenzte Geltung des Leistungsprinzips neue Konflikte geschaffen hat. Die persönliche Abhängigkeit; die Festlegung des eigenen Status durch die Position des Mannes; die Tatsache, daß man für die Umwelt die Frau von Herrn X und nicht jemand aus eigenem Recht ist – das alles läßt sich in einer traditionellen Gesellschaft, in der jeder durch Geburt oder Naturmerkmale sozial eingeordnet ist, leicht ertragen, nicht dagegen in einer Gesellschaft, die auf dem Recht und der Pflicht des Einzelnen zu selbständiger Statusgewinnung beharrt.

Die Situation der Familienfrauen wird seit einiger Zeit durch eine Vermehrung ihrer Aufgaben noch weiter erschwert. Im Gegensatz zu früheren Beobachtungen über den Funktionsverlust der Familie zeichnet sich gegenwärtig eher ein Funktionszuwachs qualitativer Art ab. Besonders auffallend ist die Steigerung der Ansprüche an Frauen mit schulpflichtigen Kindern. Weitaus häufiger als die eigenen Mütter müssen sie sich als Hauslehrer für die Kinder betätigen und die Nachhilfen bieten, die die Schule zur Zeit nicht zu bieten vermag. Solche Nachhilfeleistungen werden ihnen angesonnen, obwohl sie selber nicht gelernt haben, wie man ihnen nachkommen kann. Daraus erwächst eine doppelte Schwierigkeit. Sind Frauen in der Lage, der neuen Anforderung zu genügen, dann bedeutet das einen gegenüber dem traditionellen beträchtlichen Zusatzaufwand an Zeit und Energie für die Familienfunktionen. Sind sie der neuen Aufgabe nicht gewachsen, dann fehlt ihnen die Sachautorität in der Familie und dadurch die Möglichkeit, sich durch sachliche Kompetenz gegenüber den Jugendlichen zu behaupten. Besonders benachteiligt sind die Frauen der Unterschichten, deren Kinder mehr lernen, als sie selber lernen konnten.

Auch die Frauen mit Kindern, die noch nicht schulpflichtig sind, unterliegen erhöhten Anforderungen. Die seit einigen Jahren recht intensive öffentliche Diskussion über Erziehungsfragen hat wahrscheinlich dazu geführt, daß viele Frauen in ihrer Erziehungspraxis unsicher geworden sind. Sie ahnen oder wissen, daß die Erziehungsweisen, die sie aus ihrer Kindheit kennen, nicht mehr genügen. Andererseits kann ihnen aber niemand sagen, wie sie nun vorgehen müßten. Zu vermuten ist daher, daß eine gewisse Hilflosigkeit um sich greift.

Die Steigerung der Ansprüche an Familienfrauen erstreckt sich auch auf ihre Leistungen im Haushalt. Frauen sollen nicht nur irgendeine

Mahlzeit auf den Tisch bringen, sondern, überspitzt formuliert, wie Ernährungswissenschaftlerinnen verfahren, die stets wissen, welche Lebensmittel und welche Zubereitung der Gesundheit der Familienmitglieder am zuträglichsten sind. Auch die Sauberkeitsstandards haben sich erhöht. Waschmaschinen und andere Reinigungsapparate haben zwar die körperliche Anstrengung im Haushalt vermindert. Der Zeitgewinn dürfte jedoch nicht so groß sein wie häufig angenommen wird, weil die Ansprüche gestiegen sind: Wäsche wird häufiger gewechselt, die gute Stube regelmäßig geputzt, weil man sie täglich und nicht nur an Feiertagen benutzt.

Die Funktionen von Frauen mit Kindern und Jugendlichen im eigenen Haushalt haben sich also nicht vermindert, sondern eher vermehrt. Vor allem die Anforderungen an die *Qualität* der Aufgabenerfüllung sind gestiegen. Dadurch nimmt auch die Belastung durch ganztägige oder stundenweise Erwerbsarbeit zu. Wahrscheinlich sind die meisten Frauen mit Kindern, auch wenn sie nicht erwerbstätig sind, überfordert. Sie sind überfordert, weil sie Aufgaben erfüllen sollen, für die sie nicht genügend vorbereitet sind; weil die adäquate Wahrnehmung dieser Aufgaben die Konzentration aller Kräfte auf die Familie verlangt und damit die Herstellung und Aufrechterhaltung sachbezogener Außenkontakte erschwert. Viele Frauen haben einfach nicht die Zeit, um sich in bezahlten oder in ehrenamtlichen Stellen außerhalb der Familie zu betätigen. Auch wenn die Veränderung ihrer häuslichen Situation Bildungsmotivationen erzeugt, können sie solchen Neigungen nicht nachgehen, weil die freien Stunden zu rar sind.

Nicht einmal die kleine Gruppe von Frauen, die hohe soziale Stellungen erreichten und insofern den Werten der Leistungsgesellschaft voll entsprechen, kann mit Gleichbehandlung rechnen. Ein Mann, der es weit gebracht hat, gewinnt den Respekt und die Rücksicht der Umwelt, eine Frau erhält ihn nicht so uneingeschränkt. Wenn zwei das Gleiche tun, ist es eben nach herrschendem Konsensus nicht das Gleiche. Das heißt, beim Mann wird durch die Berufsposition auch der außerberufliche Status fixiert, für die Frau dagegen gelten vielfach Traditionen, die der Herkunftsgesellschaft entstammen. Ist sie unverheiratet, befindet sie sich in der nach Ehen und Familien organisierten Gesellschaft in einer Randstellung, ist sie verheiratet, muß sie sich in der Familie geradezu dafür entschuldigen, daß sie der Leistungsnorm gerecht geworden ist. Meist hat sie kein Recht auf besondere Rücksicht, sondern steht unter dem sublimen Druck, nach Dienstschluß ein Übersoll an Weiblichkeit zu erfüllen. Hat der Mann große soziale Ehren erworben, so ist die Frau stolz auf ihn und paßt sich an. Hat die Frau sich hervorgetan, so wird sie sich bemühen, den Mann ihre Leistung vergessen zu lassen. Kaum ein Mann erträgt das Zusammenleben mit einer Frau, die ihn sozial überrundet hat und das zu Hause nicht kaschiert. Uralte Vorstellungen vom Männlichen, von Generationen internalisiert und bis auf den heutigen Tag noch ungebrochener wirksam als die alten Ideologien des Weiblichen, stehen einer Gleichbehandlung im Weg.

Die Mehrzahl der Frauen lebt also nach wie vor unter Bedingungen, die es ihnen verwehren, die von den herkömmlichen Mustern abweichenden Neigungen und Fähigkeiten zu realisieren; die ihnen die Möglichkeit versperren, sich ganz an selbst gewählte Aufgaben zu engagieren. Neu sind in dieser Situation nicht die Barrieren gegen eine Entfaltung im Beruf. Neu ist vielmehr die kritische Bewertung der Hausfrauen- und Familienfunktion. Berechtigte Kritik an der Doktrin, Haus und Familie seien die natürlichen Betätigungsfelder der Frau, jede Frau müsse dort ihre »Erfüllung« finden, hat bisher nicht zur Befreiung von den alten Zwängen, sondern zu Verunsicherungen geführt, die noch nicht produktiv, nicht als Anstoß zur Suche nach freieren Daseinsweisen, nach Neuformulierungen der alten Rollen wirkten. Die Möglichkeit zu einer naiv-ungebrochenen Wahrnehmung häuslicher Aufgaben schwindet, ohne durch ihre rationale und kompetente Gestaltung ersetzt worden zu sein. Offen ist, ob es sich bei diesem Zustand um eine Durchgangsphase zu besseren Formen handelt oder um eine für längere Zeit sterile Insekurität.

Wahrscheinlich ist, daß die geschilderten Konflikte sich auf den psychischen und den physischen Zustand vieler Frauen negativ auswirken. Welcher Art jedoch die Kausalitäten im Einzelnen sind, ist meines Wissens noch kaum erforscht. Offen ist zum Beispiel, in welcher Weise welche besonderen Soziallagen zu welchen körperlichen und seelischen Erkrankungen oder Behinderungen führen. Offen ist also, ob (und welche) Regelmäßigkeiten der Beziehungen zwischen Alter, Familienstand, Kinderzahl, Ausbildung, Beruf, Beruf des Mannes, Einkommen und ähnlichen Sozialmerkmalen auf der einen Seite, und spezifischen Störungen auf der anderen bestehen. Offen ist mithin, wie die spezifische Ausgestaltung der allgemeinen Situation von Frauen durch Variablen der genannten Art (etwa Alter, Schichtzugehörigkeit, religiöse Bindung) auf das subjektive Befinden wirkt.

Ein Beispiel. Der gleiche Konflikt, das Herauswachsen der Kinder aus dem Elternhaus, kann in verschiedenen Schichten durchaus verschieden erfahren werden. Denkbar ist, daß die nicht-erwerbstätigen Frauen von Arbeitern und Männern der unteren Mittelschicht seltener deprimiert oder resigniert darauf reagieren. Wahrscheinlich bringt dieser Auszug für sie weder Isolierung noch Identitätsverluste mit sich, weil verwandtschaftliche Solidarität und Kontrolle hier eine größere Rolle spielen als in den meisten Gruppen der Mittelschichten. Die von eigenen Familienpflichten relativ weitgehend befreiten Frauen mittleren und höheren Alters übernehmen hier Aufgaben für die engere Verwandtschaft, die sie – vielleicht – als sinnvoll oder ausfüllend erleben. Überdies dominiert in den betreffenden Schichten ein anderer Altersbegriff als in den Mittelschichten: gemäß der eigenen Vorstellung beginnt das Alter früher, damit auch das Recht und die Pflicht, sich alt oder »älter« zu fühlen und mehr Ruhe zu beanspruchen. Die Bereitschaft und die Chance, verlorene Funktionen durch andere in der Verwandtschaft und der Nachbarschaft zu ersetzen, sind vermutlich größer, desgleichen die sozial erzeugte Neigung, sich mit geringerer Aktivität wirklich zufrieden zu geben. Als Fazit läßt sich die Hypothese aufstellen, daß die Verschiedenheit der Ausprägung einer allgemeinen Situation – der Situation von Frauen insgesamt – zu verschiedenen subjektiven Reaktionen auf gleichartige Provokationen führt.

Zu klären ist, woraus sich die Außenseiterstellung der Frauen insgesamt ergibt; welche Umstände einer Gleichheit der Entwicklungschancen im Wege stehen; wie es sich erklärt, warum weder die Hausfrau noch die Erwerbstätige, weder die Erfolgreiche noch die, die in der Leistungskonkurrenz auf einer niedrigen Stufe hängen geblieben ist, das volle ideelle und materielle Äquivalent für ihre Arbeit erhält.

Einige Ursachen liegen offen zutage. Die westdeutsche Gesellschaft – und nicht nur sie – hält an der überkommenen Arbeitsteilung zwischen den Geschlechtern fest, durch die in Einklang mit dem konservativen Emanzipationsbegriff Frauen die häuslichen, Männern die außerhäuslichen Funktionen zugewiesen werden. Diese Arbeitsteilung ist zwar insofern durchbrochen, als unverheiratete Frauen und verheiratete ohne Kinder in der Regel auch außerhalb des Hauses tätig sind. Der Grundsatz der Aufgabentrennung ist jedoch vorherrschend geblieben.

Das zeigt sich ganz drastisch an den erwerbstätigen Müttern, wenngleich keineswegs nur an ihnen. Ob ganztägig beschäftigt, ob halbtags oder stundenweise, wie jedermann weiß, können sich Mütter nicht mit voller Kraft im Beruf engagieren, weil sie die Hauptverantwortung für die Betreuung der Kinder tragen. Während ihrer Abwesenheit werden sie zwar von Verwandten, meist der Großmutter, unterstützt, sehr viel seltener von Kindergärten und anderen öffentlichen Einrichtungen, aber so gut wie gar nicht vom Ehemann. Nur in extrem seltenen Ausnahmefällen nehmen Väter die Kinder vor oder nach der Schule, in den Ferien, an schulfreien Tagen oder am Krankenbett in ihre Obhut. Die alten Rollenmuster halten sich auch dort, wo die Frau selber Geld verdient. Sie bleibt an der Kette ihrer alten Funktionen, und der Mann im Besitz des zwiespältigen Privilegs, vom Alltag der Kinderversorgung dispensiert zu sein.

Erwerbstätige Mütter sind also durch die Kinder zeitlich stärker beschlagnahmt als erwerbstätige Väter und daher weniger imstande, in den Beruf zu investieren. Es ist indes nicht allein die zeitliche Beanspruchung, die die für den Erwerb verfügbaren Energien reduziert. Auch der innere Aufwand ist größer, das Schuldgefühl hemmender, der Konflikt zwischen beiden Handlungsbereichen belastend.

Prinzipiell nicht anders als erwerbstätige Mütter unterliegen kinderlose Ehefrauen den Nötigungen, die sich aus der Arbeitsteilung zwischen den Geschlechtern ergeben. Meist bleiben die häuslichen Aufgaben ihnen überlassen. Wo die Männer helfen, hat die Mitwirkung mehr den Charakter von Gelegenheitsarbeit und die Hausarbeit der Partnerinnen den einer Hauptarbeit. Infolgedessen sind auch diese Frauen weniger in der Lage und weniger geneigt, sich der Berufsarbeit mit Nachdruck zu widmen.

Bleiben die erwerbstätigen Frauen, die ledig sind. Sie bringen ebenfalls nur ein vergleichsweise geringes Maß an Anstrengungen für die Ausbildung, für ergänzende Berufsleistungen auf. Warum? Wahrscheinlich, weil sie sich, sofern sie jung sind, schon vor der Eheschließung an ihrer künftigen Familienrolle orientieren. Sie antizipieren eine Zukunft, in der die Familie Hauptberuf und der Beruf Nebenberuf ist, für den zusätzliche Kräfte aufzubringen nicht lohnt.

Die gesellschaftliche Arbeitsteilung zwischen den Geschlechtern, obwohl partiell durchbrochen, legt also von vornherein fest, daß Frauen die häuslichen Tätigkeiten verrichten. Das Gegenstück zur Hausfrau, den Hausmann, gibt es nicht – noch seltener als eine häusliche Pflichtenverteilung nach partnerschaftlichem Modell. Damit betrügen sich Männer unwissentlich um eine Möglichkeit zur Humanisierung ihrer eigenen Existenz, um die Möglichkeit, durch gleichgewichtige Verankerung in Beruf *und* Familie sich Quellen bereichernder Erfahrung zu erschließen und durch eine wirklich partnerschaftliche Beziehung zur Frau sozial und psychisch entlasteter zu leben.

Die faktische Aufgabentrennung wird gestützt durch die Ideologie, Frauen seien von der Natur für die Familienpflichten geschaffen, wogegen es die Bestimmung der Männer sei, sich draußen im feindlichen Leben zu bewähren – sie wird gestützt durch den konservativen Emanzipationsbegriff. Ideologie und gesellschaftliche Arbeitsteilung prägen sich in die Persönlichkeitsstrukturen und die Denkweisen ein. Unter ihrem Einfluß bilden Frauen Bedürfnisse, Eigenschaften und Fähigkeiten aus, die sie mehr für die Familie und weniger für die Berufskonkurrenz qualifizieren: Bereitschaft zur Einfügung, Fürsorgeneigung, Tugenden des Gefühls, eine gewisse Zaghaftigkeit. Sie lernen, so zu sein, daß sie in das Schema passen, oder, wenn sie nicht hineinpassen, doch so zu tun, als wäre es der Fall. Weil die gesamte Sozialisation sie auf die Familienaufgaben als die primären lenkt, sind sie normalerweise nicht gut genug ausgerüstet, um in der Erwerbswelt zu reussieren. Weil die Menschen nach ihren Erwerbsfunktionen bewertet werden, befriedigen aber andererseits die Familienaufgaben allein nicht mehr.

Die Arbeitsteilung stützt die Ideologie, und die Ideologie stützt die Arbeitsteilung. Beide zusammen verhindern auch, daß Frauen, immerhin die Mehrheit der Wahlberechtigten, sich politisch Geltung verschaffen. Die überwiegende Mehrheit hat keine oder nur eine ganz lose Beziehung zur Politik. Politik interessiert sie nicht. Kaum vorstellbar, sie würden, wenn ganz unter sich, auch einmal darüber diskutieren. Wohl machen die allermeisten Frauen regelmäßig von ihrem Wahlrecht Gebrauch, aber nur wenige bekunden damit wirkliches Interesse. Eher gehen sie zur Urne aus einem vagen Pflichtgefühl oder weil es zum guten Ton gehört. Gewiß, auch Männer sind politisch schlecht informiert und desinteressiert. Immerhin sind aber die urteilsfähigen Minderheiten hier weitaus größer als bei den Frauen. Noch der politisch ganz gleichgültige Mann glaubt es sich schuldig zu sein, daß er wenigstens ein Minimum an politischen Kenntnissen erwirbt und den Anschein der Interessiertheit aufrecht erhält. Frauen versuchen nicht einmal das. Sie sagen gerade heraus, Politik ginge sie nichts an.

Selbstverständlich ist das falsch. Beschlüsse der Gemeindeparlamente und des Bundestags, Maßnahmen der NATO und des EWG-Ministerrats greifen ebenso tief in das Dasein von Frauen ein wie in das von Männern. Krieg oder Frieden, Konjunktur oder Krise, Bildungspolitik, Strafrechtsreform, Gesundheitspolitik machen keinen Unterschied zwischen den Geschlechtern. Sie betreffen gleichermaßen Mann und Frau. Manchmal sind sie für die Frauen sogar von größerem Belang. Ob sich zum Beispiel ein Parlament entschließt, mehr Mittel für Kindergärten und Vorschulen bereitzustellen oder ob es gerade hier spart; ob es glaubt, die soziale Sicherung nicht-erwerbstätiger Frauen müsse verbessert oder sie könne vernachlässigt werden; wie es das Eherecht, wie die Abtreibungsparagraphen oder das Ausbildungswesen reformiert, alles das wirkt unmittelbar auf das persönliche Leben gerade der Frauen ein. Die Frauen schaden sich daher selbst, wenn sie die Politik den Männern überlassen.

Aber nicht nur das. Dem ganzen Gemeinwesen wäre gedient, würden Frauen sich häufiger daran erinnern, daß sie die Mehrheit der Wahlberechtigten stellen. Frauen haben andere soziale Erfahrungen als Männer, sie bringen andere Deutungen der Lebenswirklichkeit in die Entscheidungsprozesse ein. Sicher keine Deutungen und Erfahrungen, die unwichtiger wären. Die Menschheit besteht nun einmal mindestens zur Hälfte aus Frauen, und wer die wahren Lebenstatsachen erkennen will, muß sich auch mit der weiblichen Auffassung davon beschäftigen. Das aber kann er nicht, weil und solange die Frauen sie nicht selber zur Sprache bringen.

Kollektive Arbeitsteilung nach dem Muster: die Frau in die Familie, der Mann heraus aus dem Haus: Erziehung gemäß einem vorindustriellen Weiblichkeitsbegriff, lebenslängliche Lenkung durch dieses Konzept, seine Verinnerlichung in allen Entwicklungsphasen, schlechtere Ausbildung, Fremdheit gegenüber der Politik – das sind die Umstände, die vordergründig erklären, warum Frauen Außenseiter sind. Aber: diese Erklärungen bleiben an der Oberfläche. Warum dominiert der angedeutete Weiblichkeitsbegriff? Warum modellieren sich Frauen danach? Warum hält die Gesellschaft an der alten Arbeitsteilung fest? Warum rebellieren nicht mehr Frauen dagegen?

Eine Antwort scheidet aus: der Rückgriff auf eine angeblich unwandelbare Natur der Frau und die angeblich natürliche Bedingtheit der gewohnten Arbeitsteilung, Wie eingangs dargelegt, können wir davon ausgehen, daß primär nicht natürliche, sondern gesellschaftliche und mithin veränderbare Tatsachen sowohl für die Vorherrschaft der Weiblichkeitsideologie als auch für die Beibehaltung der vormodernen Funktionstrennung verantwortlich sind. Die Natur verbietet ja nicht, daß Männer kochen, waschen, putzen und kleine Kinder erziehen. Die Natur schließt auch Spitzenleistungen von Frauen in der Erwerbskonkurrenz nicht aus. Die Natur läßt viele Formen zu – den heutigen Privathaushalt als Domäne der Frau; den Oberklassenhaushalt des vorigen Jahrhunderts, dem ein Butler oder ein anderer männlicher Verwalter vorstand; die chinesische Volkskommune ohne Privatbereich; den israelischen Kibbuz, in dem Männer und Frauen sich gleichermaßen um den Erwerb *und* um die Erziehung kümmern. Die Natur dekretiert nicht, welche sozialen Formen wir zu wünschen haben. Bei uns wünscht man offenbar die Außenseiterstellung der Frauen. Aber warum? Die Sonderstellung wird ja auch nicht von allen und nicht ohne Abstriche gewollt. Warum ist sie trotzdem die typische Situation?

Eine, aber eben nur eine Ursache für das Überleben traditioneller Vorstellungen und Praktiken zur Regelung des sozialen Verhältnisses zwischen den Geschlechtern scheint deren Unumstrittenheit von den Anfängen der europäischen Geschichte bis ins 19. Jahrhundert zu sein. Vielleicht gibt es keine anderen Institutionen und Denkweisen, die im Ablauf der Jahrhunderte so unangefochten blieben wie die geschilderte Arbeitsteilung zwischen Männern und Frauen und die Überzeugung, sie sei durch die Natur oder durch eine metaphysische Instanz ein für allemal so fixiert. Sicher hat auch die Stellung der Frauen Wandlungen durchgemacht, und fraglos waren diese in den letzten fünfzig Jahren groß. Ungeachtet der Veränderung ist aber das Prinzip der skizzierten Arbeitsteilung unerschüttert geblieben. Wir haben es demnach mit einer historischen Übung zu tun, die im Gegensatz zu anderen tragenden Institutionen niemals so in Frage gestellt worden ist, daß sich wenigstens im Denken ernstzunehmende Gegenmodelle herausgebildet hätten, an die die Gegenwart anzuknüpfen vermöchte. Alle großen historischen Begriffe und Einrichtungen brachten in der Theorie und vielfach auch in der Praxis ihren eigenen Gegensatz hervor: der Staat die Idee seines Absterbens, die Kirche den Atheismus, die Handwerkstechnik den Industrialismus, der religiöse Glauben die Wissenschaft. Konzeptionen zur Beseitigung der traditionellen Sozialformen des Geschlechterverhältnisses blieben dagegen immer peripher, von nur geringem Einfluß auf das Kollektivbewußtsein und auf die gesellschaftliche Praxis. Nur scheinbar tautologisch können wir daher sagen, daß die Tradition sich gehalten hat, weil sie die älteste, mächtigste, am tiefsten verankerte ist.

Die Unumstrittenheit der traditionellen Vorkehrungen kann die heutige Praxis aber nur zum Teil erklären. Es müssen auch Kräfte vorhanden sein, die dafür sorgen, daß die Vergangenheit lebendig bleibt. Niemand hat ein Interesse daran, vorindustrielle Produktionsweisen zu bewahren – Kleider, Häuser, Verkehrsmittel mit den Techniken des Handwerks zu erzeugen. Es ist auch niemand daran interessiert, auf dem Stand der vorwissenschaftlichen Medizin zu verharren oder den Ernährungsstandard früherer Epochen zu konservieren. Im Gegensatz dazu scheinen starke Kräfte am Werk, die ein Interesse daran haben, die Herstellung gleicher Entwicklungschancen für Frauen zu verhindern. Bei diesen Kräften handelt es sich nicht um geheime Verschwörer oder um andere identifizierbare Gruppen, die sich zusammengetan hätten, um Frauen auf Distanz zu halten. Vielmehr handelt es sich um vergegenständlichte Strukturen, die, den Menschen nicht bewußt, Macht über sie besitzen. Vielleicht können wir sie besser erkennen, wenn wir einen Umweg einschlagen – den Umweg über die Frage, welche Funktionen die Sonderstellung der Frauen hat.

Das industrielle System verlangt von denen, die voll darin integriert sind, ein hohes Maß an Disziplin. Arbeit in der Fabrik und im Büro ist strengen Regeln unterworfen. Seine ihnen zuwider laufenden Impulse muß der Einzelne unterdrücken, soll der Betrieb funktionieren und will man weiter Gelegenheit haben, hier seinen Unterhalt zu verdienen. Die Beziehungen zu den anderen Personen am Arbeitsplatz sind unpersönlich, ebenfalls durch zwingende Normen reguliert. Nur ausnahmsweise lassen sie spontane Sympathie- oder Antipathieäußerungen zu. Das Gesetz der Erwerbssphäre heißt Selbstkontrolle, Disziplin, Verzicht. Um sich ihm immer wieder beugen zu können, scheinen die Menschen einen Bereich zu brauchen, in dem sie ihm nicht oder nicht so rigoros unterliegen, in dem die Beziehungen zu den Nächsten direkter sind und mehr Elemente der Solidarität, der gegenseitigen Hilfe, der freiwilligen Zuverlässigkeit oder wenigstens der Hoffnung darauf enthalten. Der wichtigste Ausgleichsbereich dieser Art ist in der industriellen Gesellschaft die Familie. Nach einer kritischen Formulierung von Adorno fungiert sie als Reparaturwerkstatt, die den Einzelnen fit macht für den nächsten Arbeitstag; positiv gesehen als emotionale Komplementärinstitution, die für die Versagungen des Erwerbslebens entschädigt. Im Gebiet der europäisch-amerikanisch-sowjetischen Kultur kann nur die Familie diese Ausgleichsaufgaben erfüllen und damit immer neu die notwendigen Voraussetzungen für das Funktionieren des Gesamtbetriebs schaffen. Andere denkbare Entspannungsinstitutionen, etwa die Kommune, eignen sich dafür nicht, weil die Bedürfnisse der Menschen durch unsere Kultur so gezimmert sind, daß sie, wenn überhaupt, dann nur in Familien oder familienähnlichen Gruppen Befriedigung finden.

Die Abhängigkeit der Leistungsordnungen von den Ausgleichsdiensten der Familie besteht in West *und* Ost. Sie bedeutet, daß die Gesellschaften um der Erhaltung ihres Leistungsbetriebes willen gezwungen sind, die Familie zu erhalten. Da die Familie in der Regel die ganztägige Anwesenheit eines Erwachsenen verlangt, und da die historische Gewohnheit die Frauen dafür designiert, war es nirgends möglich, diese vollständig in die Leistungsorganisation einzufügen. Das wäre nur denkbar um den Preis der Beseitigung der Familie und damit einer Revolution, die das Leistungsprinzip selber schwer beschädigen oder sogar außer Kraft setzen würde.

Obwohl alle Industriesysteme auf die Familie angewiesen sind, unterscheiden sie sich doch nach dem *Grad* der Bindung an die Arbeitsteilung zwischen den Geschlechtern und an den vormodernen Weiblichkeitsbegriff. In einigen Ländern des sowjetischen Einflußbereichs hat man die Bindungen daran stärker gelockert als bei uns und es insofern mit der Gleichstellung der Frauen weiter gebracht. Es gibt mehr Frauen in qualifizierten Berufen, der durchschnittliche Bildungsstandard der weiblichen Bevölkerung ist kaum niedriger als der der Männer. Diese faktisch freilich ebenfalls noch recht begrenzten Fortschritte gehen wohl vor allem auf zwei Ursachen zurück: auf die marxistische Theorie, die *ideologische* Diskriminationen gegen Frauen ausschließt, und auf Erfordernisse der ökonomischen Modernisierung. Frauen wurden und werden als Arbeitskräfte gebraucht, nicht zuletzt auch in anspruchsvollen Rängen. Aufschlußreich ist in diesem Zusammenhang, daß die starke Agitation in der DDR zugunsten einer Hebung des weiblichen Bildungs- und Ausbildungsstandards in erster Linie mit dem Bedarf an Fachkräften begründet wird und erst in zweiter Linie mit der Absicht, den ideologischen Geboten zu genügen. Marxismus und Ökonomie, theoretische und praktische Zwänge haben zum rigoroseren Abbau traditioneller Sozialformen und Denkweisen geführt. Aber: den Widerspruch zwischen den Erfordernissen der Ideologie und des Arbeitsmarktes auf der einen Seite, den Bedürfnissen des Leistungssystems auf der anderen, konnten auch die sozialistischen Länder nicht lösen. Frauen in Leitungspositionen und erst recht in politischen Einflußstellen sind z. B. auch in der UdSSR nur eine kleine Minorität. Das heißt, daß die sozialistischen Länder ebenfalls mit dem Widerspruch leben und so lange weiter mit ihm leben müssen, wie sie die Familie nicht durch andere Einrichtungen ersetzen oder entlasten oder mit ganz neuen Formen des Ausgleichs für die Versagungen des Leistungsbetriebs experimentieren wollen – Experimente, die das bestehende Machtgefüge zerbrechen könnten.

Die westlichen Industriestaaten halten hartnäckiger an der klassischen Arbeitsteilung und den sie stützenden Wesensdoktrinen fest. Das hat mehrere Gründe. Bekanntlich gab es im Westen niemals eine Revolution, durch die radikale Gleichheitslehren zur offiziellen Charta der Gemeinwesen geworden wären. Die sozialistischen Revolutionen waren total, sie schlossen das Denken über Frauen ein – wie viele Konzessionen an die Tradition die nachrevolutionäre Praxis auch erzwang. In Deutschland dagegen, sowie in anderen westlichen Industriestaaten, wurden Naturtheorien nie so gründlich ausrangiert wie dort, wo der Marxismus zur Sozialreligion erhoben worden ist. Der radikale *Bruch* mit Vergangenem fand nicht statt, nur die evolutionäre, partielle Abkehr davon. Die maßvoll konservative Auffassung vom sogenannten weiblichen Wesen verdankt ihr Überleben aber nicht allein dem Fehlen einer Revolution. Sie wird auch durch Erfordernisse des Wirtschaftssystems konserviert. Die kapitalistische Wirtschaft braucht zwar ebenso wie die sowjetsozialistische die außerhäuslich verwertbare Arbeitskraft der Frau. Der höhere Stand der ökonomischen Entwicklung erlaubt jedoch eher als die angespanntere Situation im Osten die Freistellung der Familienfrauen. Der Westen ist reich genug, um auf diese Arbeitskräfte verzichten zu können. Sofern er Mangel an Arbeitskräften hat, kann er ihn anderweitig beheben: in der Bundesrepublik durch Anwerbung von Ausländern, in den Vereinigten Staaten durch den Rückgriff auf die Reservearmee der Farbigen, in Frankreich und Großbritannien durch die Einwanderung aus den ehemaligen Kolonien. Die Notwendigkeit, alle Frauen für den Erwerbsprozeß zu mobilisieren, besteht und bestand außer in der Situation des nationalsozialistischen totalen Krieges nicht. Im Gegenteil. Statt für die außerhäusliche Arbeit werden die Familienfrauen in unserem Wirtschaftssystem als Zentren und Trägerinnen des Privathaushalts gebraucht, der seinerseits entscheidende ökonomische Funktionen für diese Wirtschaftsverfassung erfüllt. Der Privathaushalt befriedigt Absatzbedürfnisse der Industrie: jede Familie will und soll ihre eigenen Wasch-, Kühl-, Reinigungs-, Gefriermaschinen haben, ihre eigene komfortable Innenausstattung, ihr eigenes Freizeitplaisier. Jede ist damit Kunde, und alle zusammen sind mehr Kunden, als irgendwelche kollektiven Gruppierungen es wären. Die Familie mit dem isolierten Privathaushalt ist einer der großen Märkte, die die Industrie in den letzten Jahrzehnten aufgetan hat. Ohne ihn könnte sie ihre Absatzbedürfnisse nicht oder nicht in ausreichendem Maß befriedigen. Sein Funktionieren setzt aber voraus, daß man Familie und Privathaushalt als Lebenszentren neben dem Erwerbsbetrieb ausbaut und kultiviert. Das wiederum verlangt die ständige Anwesenheit der Frau. Die Technisierung des Haushalts hat zwar einerseits zur Entlastung von Routinetätigkeiten geführt. Da sie aber Hand in Hand ging mit der Stilisierung des Privathaushalts zum Mittelpunkt der Konsumkultur, haben die Frauen dadurch an Zeit nicht viel gewonnen. Nach wie vor müssen sie ganztägig verfügbar sein, soll die Familie ihre Ausgleichs- und Konsumaufgaben erfüllen.

Die generelle Abhängigkeit des bestehenden Leistungssystems von der Familie und die besondere Form dieser Abhängigkeit in der sogenannten westlichen Welt, schließlich das Fehlen einer verbindlichen Gleichheitsideologie formen das Bewußtsein und die Bedürfnisse der Menschen. Weil die Wirklichkeit keine Alternativen zur Familie offeriert und weil sie – anders als in den sozialistischen Ländern – den traditionellen Wesenslehren keine mächtigen Gegenbegriffe entgegenstellt, nimmt man diese Wirklichkeit als die richtige hin. Die Hinnahmebereitschaft wird noch verstärkt durch den Einfluß der Überlieferung, die in Literatur, Philosophie, Staats- und Gesellschaftslehre die klassische Arbeitsteilung und die alte Vorstellung vom Weiblichen als natürliche propagiert. Da diese vermeintlich ewige Realität für alle Teilhaber Vorteile hat, enthält sie wenig Anstöße zur Kritik oder gar zur Rebellion. Der Vorteil für Männer liegt auf der Hand. Für Frauen ist er weniger offenkundig und weniger groß, aber ebenfalls real. Ihre faktische und geistige Konzentration auf die Familie bedeutet ja nicht nur Geringschätzung und eine gewisse Isolation, sondern auch Freiheit von den Zwängen des Erwerbssystems, geringere Normierung der Arbeit, Wahrnehmung von Aufgaben, die, wie etwa die Erziehung der Kinder, mehr Möglichkeiten der emotionalen Befriedigung bieten als die Mehrheit der Verrichtungen in Büro und Fabrik. Die Versagungen, die die Rolle der Familienfrau oder der vorübergehend Erwerbstätigen mit sich bringt, sind groß, aber sie sind nicht so groß, daß die Betroffenen veranlaßt würden, an der Richtigkeit der herrschenden Funktionstrennung radikal zu zweifeln.

Wir stehen also vor einer komplizierten Situation. Eine Gesellschaft, die die Verteilung der materiellen und der ideellen Entgelte nach Maßgabe der individuellen Anstrengungen verspricht, aber dieses Versprechen für Frauen ständig dementiert; die die Familie so nötig braucht wie den Erwerbsbetrieb, aber nur die Arbeit in letzterem wirklich honoriert; die durch diese ihr innewohnenden Widersprüche die einzelne Frau in mehr oder minder ernste Konflikte bringt, aber wenig unternimmt, um ihr die Lösung zu erleichtern.

Diese Konflikte sind real. Sie äußern sich in der Unzufriedenheit vieler Familienfrauen, in der Resignation und Verbitterung von älteren unverheirateten Frauen, als Schwierigkeit der Lebensbewältigung, nachdem die Kinder aus dem Haus sind, in zahlreichen anderen Formen. Vielleicht sind sie auch Ursachen für manche Krankheiten und Neurosen. Frauen zahlen damit ihren Preis für die Errungenschaften der Leistungsordnung, ohne den vollen Gegenwert zu erhalten. Gibt es Möglichkeiten, diese Bilanz zu verbessern?

Wer nach solchen Möglichkeiten sucht, muß sich zunächst klar machen, welchen Zustand er für den erstrebenswerten hält. Nicht erstrebenswert, nicht einmal real vorstellbar, ist ein Zustand der totalen Gleichheit. Er könnte nur durch Unterdrückung aller Abweichungen hergestellt und aufrecht erhalten werden. Ebenso unsinnig wäre eine Revolution, die das Leistungssystem mit seinen gegenwärtigen Widersprüchen zerstört. Ohne Differenzierung der Sozialstruktur nach Leistungen fielen wir auf einen archaischen Armutsstandard und politisch in eine Diktatur zurück. Sinnvoll scheinen daher lediglich Verbesserungen der Arrangements innerhalb des bestehenden sozio-ökonomischen und politischen Systems, die dazu dienen würden, mehr Gleichheit der Entwicklungs- und Wahlchancen für Frauen und Männer und damit eine offenere Sozialstruktur herzustellen. Die Erfahrungen der letzten Jahrzehnte haben gezeigt, daß es nicht genügt, rechtliche Gleichheit, so wichtig sie ist, zu gewähren. Nötig ist auch, Bedingungen zu schaffen, die es den sozial Schwächeren ermöglichen, sich unter gleichen Voraussetzungen wie die durch Herkunft oder Geschlecht Begünstigten am Wettbewerb um die jeweils begehrteren Positionen zu beteiligen. Wenn es zugleich gelänge, denjenigen, die an dieser Konkurrenz nicht teilnehmen wollen oder die sich in ihr nicht behaupten, materiellen und ideellen Schutz zu geben, würde eine Angleichung der Leistungschancen nicht zum Kampf aller gegen alle führen. Konsequentere Verwirklichung des Leistungsprinzips in Verbindung mit dem Ausbau sozialstaatlicher Schutzvorkehrungen würde das Gemeinwesen materiell und ideell reicher machen, weil sich auf diese Weise Talente mobilisieren ließen, die jetzt unentwickelt bleiben. Das Ergebnis größerer Chancengleichheit wäre nicht größere Gleichheit des Handelns, sondern ein Mehr an Individualität, an menschlicher Ungleichheit infolge größerer Freiheit, individuelle Neigungen und Fähigkeiten auszubilden. Größere und fortschreitend erweiterte Chancengleichheit wäre gewiß noch nicht gleichbedeutend mit wirklicher Emanzipation. Gibt es zu dieser gegenwärtig keinen erkennbaren Weg, behält das bescheidenere Ziel gleichwohl seinen Wert. Seine Verwirklichung könnte dazu beitragen, das Leben vieler Einzelner humaner zu machen.

Welche Arrangements nötig wären, um Frauen mehr Möglichkeiten zur Wahl ihrer Daseinsweise zu geben und die Voraussetzungen für durchdachte Wahlentscheidungen zu verbessern, ist in den letzten Jahren so oft dargelegt worden, daß es hier genügt, die Stichworte zu wiederholen. Obenan steht die Schaffung von mehr und besseren Kinderhorten, Kindergärten, Kindertagesstätten, Ganztagsschulen. Wichtig wäre auch ein größeres Angebot an Beratungsstellen, bei denen Frauen ihre besonderen Probleme in Beruf, Erziehung, Ehe und Familie mit Fachleuten erörtern können.

Nötig ist selbstverständlich auch, den Bildungsstandard des weiblichen Durchschnitts zu heben. *Wie* man das macht, ist freilich bis jetzt nicht klar. Belege für die Annahme, Gesamtschule und Gesamthochschule trügen von sich aus dazu bei, liegen meines Wissens nicht vor. Hier besteht eine Lücke in den Projektionen der meisten Bildungsplaner. Nur ausnahmsweise unterscheiden sie zwischen Jungen und Mädchen, Männern und Frauen, nur ausnahmsweise nehmen sie statistische Rechnungen für die Zukunft getrennt nach Geschlechtern vor, nur ausnahmsweise berücksichtigen sie, daß sich die Bildungsmotivationen der beiden aus sozialen Gründen unterscheiden, nur ausnahmsweise prüfen sie, wie sich die Motivationen der Mädchen verändern ließen, wie sie überhaupt beschaffen sind – kurz, nur ausnahmsweise machen sie sich klar, daß die zu bildende Bevölkerung immerhin zur Hälfte weiblich ist. Mädchen haben, wenn sie überhaupt planen, stärker die künftigen Familienaufgaben im Blick. Veränderungen im Modus der Aufgabenwahrnehmung antizipieren sie gewöhnlich nicht. Das muß nicht für Zeit und Ewigkeit so bleiben, charakterisiert aber die Einstellungen der Jahrgänge, die heute und morgen in die weiterführenden Bildungsstätten eintreten werden. Wie hier Änderungen erreicht werden könnten, ist ungewiß, daß sie notwendig sind, dagegen gewiß.

Hebung des durchschnittlichen Bildungsstandards, Einrichtungen zur Entlastung von Familienfunktionen und Beseitigung offener Diskriminierungen gegen Frauen in der Sphäre des Berufs sind Schritte auf dem Weg zu einer freieren Daseinsweise, die die einzelne Frau allein nicht tun kann. Dafür bedarf es entsprechender Maßnahmen der Gesetzgeber, Regierungen und anderer Machteliten. Unterstellt, sie würden solche Anstrengungen unternehmen, reichen diese jedoch nicht aus, um die Gesamtsituation eingreifend zu verbessern. Um die inneren und die äußeren Widerstände zu überwinden, sind Anstrengungen jedes Einzelnen unentbehrlich, Anstrengungen jeder Frau und jedes Mannes. Sie setzen permanente Aufklärung über die Situation von Frauen voraus – Aufklärung namentlich der Männer. Ohne die Mitwirkung von Männern erreichen Frauen fast nichts, gegen den Widerstand ihres Mannes wird kaum eine Frau Initiativen entwickeln, mit seiner Hilfe vielleicht doch. Hier, bei der Abwehr vieler männlicher Partner und bei der wie immer verursachten Schwäche der Frauen, sich dagegen zu behaupten, liegen die Hindernisse, die gegenwärtig am schwersten zu überwinden sind.

Historisch gesehen, hat der Abschied von der bisherigen Geschichte weiblicher Unterordnung in der Bundesrepublik gerade erst begonnen. Bei allen unbestreitbaren und wichtigen Fortschritten wurde noch nicht einmal die Vorstufe der Frauenemanzipation, die faktische Gleichstellung in Beruf, Familie und Politik erreicht. Von einem entschiedenen Bemühen des Gemeinwesens, Chancengleichheit für beide Geschlechter zu schaffen, kann keine Rede sein. Bis zur Herstellung von Demokratie auch für Frauen ist es daher noch weit.

Revolution oder Reform.
Zur Kritik der abstrakten Utopie

Seit einiger Zeit wird in Deutschland wieder von Revolution gesprochen, jedenfalls in der Bundesrepublik, nicht in der DDR. Die Revolutionsforderung hat lautstarke Verfechter. Gleichwohl wurde sie bisher nicht als politisches Aktions-Programm formuliert. Selbst die SDS-Zeitschrift »Neue Kritik« stellte fest, die Diskussion sei nicht so weit fortgeschritten, daß man von einer Auseinandersetzung zwischen fundierten Positionen sprechen könne.

So vage die revolutionären Ideen sind, wäre es doch falsch, sie als pubertären Traum von Jugendlichen abzutun und einfach auf sich beruhen zu lassen. Wir wissen nicht, ob sie nicht eines Tages größere Gruppen entflammen. Spätestens dann müssen wir für die Debatte vorbereitet sein, gleichgültig, auf welcher Seite wir stehen. Um urteilen zu können, genügt es nicht, die umstürzlerischen *Schlagworte* heranzuziehen. Nötig ist vielmehr, die *Theorien* zu untersuchen, die direkt oder indirekt für eine revolutionäre Umgestaltung werben.

Abstrakt gesehen setzt ein Programm der totalen Umwälzung mindestens dreierlei voraus. Erstens muß das Leben unter den gegebenen Bedingungen nach Auffassung der Revolutionäre unerträglich sein. Zweitens müssen sie nachweisen, daß die kritisierten Phänomene Ergebnis der vorgefundenen politischen und sozialen Gesamtverfassung sind und nur durch deren Beseitigung selber beseitigt werden können. Drittens muß es einigermaßen praktikable und vorstellbare Entwürfe des besseren Zustands geben, des Zustands nach der Revolution. Andernfalls kann das Programm nicht genügend Anhänger gewinnen. Ein ernst zu nehmendes Revolutionskonzept ist also stets Beschreibung der Gesellschaft, Erklärung des Beschriebenen aus der Gesellschafts*struktur* und halbwegs konkreter Entwurf für die nachrevolutionäre Zukunft. Um Mißverständnissen vorzubeugen, sei noch einmal betont, daß hier lediglich vom *Programm* für eine Revolution die Rede ist. Ob eine Revolution ihrerseits überhaupt ein voraus formuliertes Programm verlangt, oder ob sie spontan und gleichsam programmlos, zumindest aber ohne klares Handlungskonzept entsteht, ist eine andere Frage. Sie steht jetzt nicht zur Diskussion.

Einige neuere, in revolutionärer Absicht geschriebene Theorien erfüllen die eben genannten Bedingungen wenigstens zum Teil. Ich will versuchen, sie zu analysieren. Dabei tauchen allerdings Schwierigkeiten auf, mit denen niemand in einem kurzen Referat fertig werden kann. Die Diskussion über die Revolution und über den Zustand danach wird in vielen Clubs, Akademien, Seminaren und sonstigen kleinen Zirkeln geführt. Ein vollständiger Überblick ist gegenwärtig noch nicht möglich. Eine weitere Schwierigkeit ergibt sich daraus, daß die auf eine Revolution zielenden Erörterungen über die kapitalistische Gesellschaft und über die gewünschte Zukunftsordnung sich keineswegs auf die Bundesrepublik beschränken. Sie werden in zahlreichen Ländern formuliert. Eine befriedigende Analyse müßte daher amerikanische und tschechoslowakische Texte, Schriften aus Frankreich, Polen, Großbritannien und schließlich auch aus wirtschaftlich unentwickelten Gebieten berücksichtigen. Das ergäbe ein dickes Buch. Ich kann hier nur versuchen, ein fragmentarisches Exposé dafür zu entwerfen. Dieses stützt sich lediglich auf Texte und Autoren, die in der Mitte der 60er Jahre *hierzulande* besonders einflußreich gewesen sind. Theorien aus der außerdeutschen Diskussion und historische Theorien einschließlich der von Marx lasse ich außer acht.

Eine der überzeugendsten, in revolutionärer Absicht verfaßten Beschreibungen der gegenwärtigen Verhältnisse in der sogenannten westlichen Welt enthalten die Schriften von Herbert Marcuse.[1] Mit großer analytischer Kraft bemüht sich Marcuse nachzuweisen, daß die bestehenden gesellschaftlichen Verhältnisse irrational sind. Irrational sei, daß der Friede, wenn überhaupt, nur durch die permanente Kriegsdrohung statt durch Beseitigung von Kriegsursachen erhalten wird. Irrational sei das Mißverhältnis zwischen den Möglichkeiten der Güterproduktion und der tatsächlichen Erzeugung, irrational der unablässige Run nach noch mehr Gütern, die für den Einzelnen nicht Selbstzweck und Freude, sondern Mittel ruinöser Geltungskonkurrenz sind. In den westlichen Systemen seien die Menschen zu Sklaven degradiert, denen kapitalistische Interessen vorschreiben, was sie zu arbeiten, zu kaufen, zu denken haben. Die Unterwerfung sei total, auch wenn den Unterworfenen das Bewußtsein der Unfreiheit fehle.

Ebenso scharf fällt das Urteil von Johannes Agnoli aus. Agnoli ist Politologe. In seiner 1967 publizierten Schrift »Die Transformation der Demokratie« nimmt er sich vor allem die politischen Zustände vor.[2]

Nach Agnolis Interpretation sind Kapitalismus und parlamentarische Demokratie in der Bundesrepublik Systeme der Unfreiheit. Die Demokratie sei nur Schein. In Wahrheit würde das Land von unkontrollierten Oligarchien regiert. Das Parlament sei, wie es in der manchmal schrecklichen Sprache der neuen Linken heißt, »umfunktioniert«.

[1] *Herbert Marcuse,* One Dimensional Man. Studies in the Ideology of Advanced Industrial Society, London 1964; ders., Kultur und Gesellschaft I, Frankfurt/M. 1965.
[2] *Johannes Agnoli,* Die Transformation der Demokratie, Berlin 1967.

Statt die Beherrschten gegenüber den Herrschenden zu repräsentieren, repräsentiere es Herrschaft nach unten, die Herrschaft kapitalistischer Gruppen, der staatlichen Exekutive, der politischen Führungsgruppen und der oligarchischen Kulturorganisationen. Auch die politischen Parteien seien Instrumente der Unterdrückung, nicht Medien der Volkssouveränität.

Selbstverständlich unterliegen die wirtschaftlichen Strukturen ebenfalls der radikalen Kritik. So heißt es etwa, im gegenwärtigen Kapitalismus werde eine neue, verschärfte Form der Ausbeutung praktiziert, Ausbeutung als immer intensivere Beanspruchung der Nerven und der psychischen Kraft all derjenigen, die in untergeordneten Stellen abhängig erwerbstätig sind. Weiter wird gesagt, die kapitalistische Wirtschaftsverfassung sei außerstande, ein stetiges und optimales Wachstum zu garantieren. Unmöglich sei, die Diskrepanz zwischen privatem Reichtum und öffentlicher Armut zu beheben, also vernünftig zu regulieren, was der amerikanische Sozialwissenschaftler John Kenneth Galbraith das Ungleichgewicht zwischen privaten Investitionen und öffentlichen Ausgaben genannt hat: Ausgaben für Bildungswesen, Straßenbau, Wohnungsbau und andere Komponenten der Infrastruktur. Nach der These radikaler Denker verhindert die kapitalistische Organisation der Wirtschaft die Realisierung des Wohlfahrtsstaats, eine gerechte Einkommensverteilung, eine gerechte Ordnung der Lebenschancen überhaupt. Sie zwinge zu zunehmend kostspieliger Rüstung und lasse generell keine Wahl als die zwischen offener Krise und rigoroser, im Vorhaben einer Formierten Gesellschaft, in Notstandsgesetzen, Stabilisierungsgesetzen und schlechter Finanzreform sich konkretisierender, potentiell faschistischer Repression. Das ist vielleicht die größte Sorge derer, die eine Revolution erstreben: die Sorge, das kapitalistische Wirtschaftssystem bringe infolge von ihm innewohnenden Gegensätzen mit Notwendigkeit ein faschistisches politisches System hervor. Der Faschismus, gleichviel welcher Spielart, sei nicht nur eine *Möglichkeit* der westlichen Gesellschaftsentwicklung, sondern ihr unvermeidbares Resultat. Unvermeidbar jedenfalls dann, wenn es nicht gelinge, die kapitalistischen Prinzipien revolutionär außer Kraft zu setzen, ehe sie das höchste Stadium ihrer Entfaltung erreichen.

Im Ganzen ergibt sich aus den radikalen Thesen das Bild eines Zustands absoluter Unfreiheit, der menschenunwürdigen Ungleichheit, der systematischen Verdummung, der totalen Manipulation, der wachsenden faschistischen Gefahr. Dabei bleibt zunächst offen, woraus sich dieser Zustand erklärt. Negativ stimmen die Radikalen darin überein, daß er nicht aus Naturgesetzen resultiert. Auch die alte Erklärung aus der Unvollkommenheit des irdischen Lebens überhaupt weisen sie zurück. Statt physischen oder metaphysischen Instanzen schreiben sie die

Verantwortung den gesellschaftlichen Institutionen zu. Unter den gesellschaftlichen Institutionen wiederum scheidet für sie *ein* Komplex als Urheber des Bösen aus: der Gesamtbereich der Technik. Hier liegt eine wichtige Differenz zwischen »linken« und »rechten« Kritikern der heutigen Gesellschaft. Zwar stimmen beide in Einzelurteilen gelegentlich überein. Deshalb hat man schon gemeint, es bestünde gar kein nennenswerter Unterschied etwa zwischen den Theorien von Hans Freyer und Theodor W. Adorno oder zwischen den Auffassungen von Herbert Marcuse und der konservativen Kulturkritik, wie sie zum Beispiel von Helmut Schelsky formuliert worden ist. Faktisch haben beide Lager jedoch kaum mehr gemein als den Gegenstand. Diese Gemeinsamkeit mag die Differenzen manchmal verschleiern; beseitigt werden sie dadurch nicht. Auch die konservativen Kritiker verabscheuen die heutige Welt. Die entscheidende Ursache des Negativen sehen sie jedoch nicht in der gesellschaftlichen Organisation, sondern in der industriellen Technik. *Sie* habe zur nahezu totalen Machbarkeit von Menschen und Dingen, zur Entfremdung der Arbeit, zur Uniformierung der Menschen, zu ihrer Anfälligkeit für Ideologien, zur Aushöhlung der Demokratie, zur Unmöglichkeit von Selbstbestimmung geführt. Die Sachnotwendigkeiten und Sachgesetzlichkeiten der technischen Zivilisation schrieben das Schema jeder Handlung vor und erstickten damit sogar den bloßen Gedanken an Freiheit, Freiheit auch nur als Idee.

Deutungen dieser Art lassen als Lösungen letztlich nur die Rückkehr zu vorindustriellen Verhältnissen oder eine fatalistisch-heroische Resignation gegenüber dem angeblich unausweichlichen Schicksal totaler Unfreiheit zu. Ex definitione sind sie antidemokratisch. Indem sie generell Passivität gegenüber vermeintlichen Sachnotwendigkeiten suggerieren, lähmen sie die Impulse zu demokratischer Kontrolle der Regierenden, stärken damit deren Macht und bereiten ständisch-korporativen Ideologien den Weg. Ihre Darstellungen sind eine neue Version des Glaubens an eine Dämonie der Technik, und da man Dämonen nur mit Angst und Zauber begegnen kann, nehmen sie gegen das Denken, gegen Aufklärung Partei.

Anders als die Kritiker auf der Rechten stellen die linken Kritiker die Technik als ein »Universum von Instrumenten« dar, das nicht selber die Zwecke seiner Nutzung festlegt und daher auch nicht für die freiheitsfeindliche Verwendung verantwortlich sein kann. Die industrielle Technik ist für sie unersetzbare Bedingung jeder Möglichkeit von Freiheit. Daß solche Möglichkeiten nicht oder nur unzureichend wahrgenommen werden, kreiden sie der *gesellschaftlichen* Organisation an.

»Organisation der Gesellschaft« oder »institutionelle Ordnung«

oder »gesellschaftliches System« sind abstrakte Formeln. Sie schließen zwar die Erklärung der Unfreiheit aus der Natur des Menschen oder aus der industriellen Technik aus, enthalten aber in der allgemeinen Fassung noch keine Angaben darüber, welche *besonderen* Elemente der gegenwärtigen Verfassung von Staat und Gesellschaft die Wurzeln der Unterdrückung sind. Die Theoretiker der Revolution haben deshalb versucht, die Institutionen zu bezeichnen, auf die nach ihrer Auffassung die Unfreiheit zurückzuführen ist. Jeder denkende Revolutionär muß diese Institutionen benennen und analysieren, weil die Revolution ja in deren Aufhebung besteht. Revolution heißt für die Kritiker, daß die tragenden Einrichtungen einer Gesellschaft beseitigt werden und neue, Freiheit verbürgende Ordnungsprinzipien an ihre Stelle treten.

Die Konkretisierung dieser These fällt allerdings enttäuschend aus. Das gilt zumal für die Darlegungen von Herbert Marcuse. Sie laufen auf die pauschale Formel hinaus, letztlich sei das bloße Vorhandensein von Herrschaft für die Unfreiheit verantwortlich. Die Herrschenden oder, wie er häufig sagt, die vested interests, die über den Produktionsapparat verfügen, manipulieren die Bedürfnisse, pervertieren die Technik zum Mittel der Zerstörung, mobilisieren gegen einen angeblichen inneren und äußeren Feind, sorgen für die Integration des Widerspruchs und hindern so die Menschen am Ausbruch aus dem System. Das alles mag zutreffen; es befriedigt aber nicht. Denn die Thesen bleiben zu allgemein und leisten nicht, was sie nach der erklärten Absicht zu leisten hätten, nämlich die Deduktion der Unfreiheit aus der Sozialstruktur. Sicher sind die heutigen Formen von Herrschaft verantwortlich für Unfreiheit, aber wer sind die Herrschenden, welche Gruppen üben aufgrund welcher Positionen Herrschaft aus? Welche spezifischen Institutionen sind die Grundlagen ihrer Macht? Welche Institutionen müßten, weil sie Basis von Herrschaft sind, beseitigt werden? Wo hätte die Beseitigung anzusetzen, gegen wen die revolutionäre Aktion sich konkret zu richten? Der revolutionäre Philosoph bleibt die Antworten schuldig. Seine Theorie ist unpolitisch. Sie kann zu emotionalem Aufbegehren stimulieren und hat das auch getan. Hilfen für politisches Handeln bietet sie nicht.

Auch die anderen bei uns heute wirksamen Theorien, etwa die aus dem Umkreis des SDS, sind nicht sonderlich konkret. Immerhin geben sie aber mehr Material für *politisches* Handeln an die Hand. Im wesentlichen geht es in ihnen um das Verhältnis von Staat und Gesellschaft, von Staat und Wirtschaft zumal. In der allgemeinen Fassung lautet die These, Staatshandeln und Politik würden maßgeblich oder sogar ausschließlich durch die kapitalistische Organisation der Wirtschaft bestimmt. Die private Verfügung über Produktionsmittel und die damit gesetzte Orientierung am Gewinn erscheint als die das ganze politisch-soziale Leben beherrschende, und demgemäß als die die wirkliche oder vermeintliche Entdemokratisierung bedingende Kraft. Die Gesellschaft als die Gesamtorganisation von Wirtschaft, Staat, Kultur wäre eine Einheit oder Totalität, in der alle Strukturen und Prozesse Produkte kapitalistischer Einrichtungen sind. Das ist eine alte Theorie, nicht nur Marx, auch andere Theoretiker des 19. Jahrhunderts haben sie formuliert. Innerhalb dieser Theorie bestehen heute wie damals Differenzierungen. Es gibt erstens die schon genannte *deterministische* Version, die besagt, die kapitalistische Wirtschaftsverfassung führe *zwangsläufig* zu einem autoritären, wenn nicht sogar faschistischen Staatssystem. Die Staatsgewalt wäre nichts anderes als Vollstrecker kapitalistischer Wirtschaftsgesetze und Wirtschaftsinteressen, und sie könnte auch gar nichts anderes sein. Konkret heißt es etwa, um überleben zu können, brauche die kapitalistische Wirtschaft hohe öffentliche Ausgaben für Rüstung. Daß die Rüstung auch andere Gründe haben könnte als den gewiß massiven Einfluß kriegsgewinnlerischer Lobbies; daß es möglich wäre, die Kapitalströme in friedliche Produktion zu lenken, ohne damit das kapitalistische System zu gefährden; daß schließlich die die Wirtschaft stabilisierende Funktion der Rüstungsproduktion noch nicht deren Unentbehrlichkeit als Stabilisator erweist, alles das ziehen die radikalen Kritiker nicht in Betracht. Sie konstruieren statt dessen weitere Kausalzusammenhänge von Wirtschaftserfordernis und Politik, ohne abweichende Erklärungen auch nur zu prüfen. Nicht, als wären diese Interpretationen allesamt falsch. Sie unterstellen aber eine systematische Bedingtheit der Politik durch kapitalistische Einflüsse, für die der Beleg fehlt. Nirgends ist es bisher gelungen zu zeigen, daß die sicher zu Recht kritisierten politischen Vorgänge und Maßnahmen *notwendige* Ergebnisse kapitalistischer Erfordernisse sind. Das hängt damit zusammen, daß es kaum noch möglich scheint, politisch *determinierende* Gesetze des kapitalistischen Prozesses zu bestimmen. Insofern bleiben die heutigen Theorien schon im Ansatz hinter Marx zurück.

Gewiß spiegelt sich darin die veränderte Wirklichkeit der Gesellschaft selbst. Ihre Struktur und ihre Entwicklung werden nicht allein durch Tatsachen der kapitalistischen Wirtschaft fixiert. Allgemeiner gesagt: Strukturen und Prozesse der heutigen kapitalistischen Gesellschaft lassen sich kaum monokausal erklären. Vielmehr sind neben den kapitalistischen Faktoren andere von verursachender Relevanz: die internationale Rivalität der Großsysteme; die Rücksichten auf die sogenannte Dritte Welt; die im Innern der kapitalistischen Gesellschaften agierenden organisierten nicht-kapitalistischen Gegenmächte; die Macht, die auf Wahl begründet ist und die Regierungen gegenüber den spezifisch kapitalistischen Erfordernissen doch relativ unabhängig macht.

Diese und andere Wandlungen haben zwar den Kapitalismus nicht beseitigt. Sie haben ihn aber so verändert, daß die wirtschaftliche Entwicklung und erst recht die Politik nicht länger bloß Funktionen kapitalistischer Strukturen und Interessen sind – wenn sie es überhaupt je waren.

Es gibt zweitens eine nicht-deterministische Variante der vorhin skizzierten allgemeinen Theorie über das Verhältnis von kapitalistischer Ökonomie und Politik. Danach stellt der Kapitalismus eine Summe von restriktiven Bedingungen für die Politik dar. Unmöglich sei, unter diesen Bedingungen eine wirklich demokratische Gleichheit der Lebenschancen einschließlich der Einkommen zu schaffen, unmöglich eine Politik, die etwa die Diskrepanz zwischen privatwirtschaftlichen Angeboten und öffentlichen Leistungen, die Disparität von privaten Investitionen und Ausgaben für Bildung, Straßen, Raumordnung, Städteordnung etc. überwindet. Ich gehe auf diese Theorie nicht ein, weil sie bei aller Schärfe der Kritik am undemokratischen Charakter kapitalistischer Verhältnisse doch kaum Ansätze für *revolutionäre* Folgerungen enthält.

Dem Versagen der auf Revolution gerichteten Theorien bei der Ableitung der Unfreiheit aus der Sozialstruktur entspricht das Versagen bei der Formulierung halbwegs konkreter politischer Programme. Jenes bedingt dieses. Wo nicht gezeigt werden kann, welche Institutionen die Unfreiheit erzeugen, kann man auch nicht zeigen, welche Institutionen beseitigt und wodurch sie ersetzt werden sollen. Das Ziel der Revolution muß dann abstrakt, die Strategie unbestimmt, das Handeln irrational sein.

Viele Wortführer der Umwälzung lehnen eine Konkretisierung ihrer Visionen grundsätzlich ab. Sie begründen das damit, daß eine qualitativ neue Existenz erreicht werden soll, eine Gesellschaft, für die es keine historischen Vorbilder gibt. Andere sagen, es sei nicht Sache der Theorie, Rezepte für die Tagespraxis zu liefern. Trotz dieser Zurückhaltung fehlen jedoch Hinweise auf das Bessere nicht ganz. Charakteristische Stichworte sind »freie und vernünftige Gesellschaft«, »wirkliche Freiheit und wirkliche Gerechtigkeit«, »ein Volk von autonomen Individuen«, »ein bewußtes und mündiges Volk«, »herrschaftsfreie Ordnung«, »Umwandlung der Arbeitsplätze in demokratische Produzentengemeinschaften«, »Aufhebung der Klassen«, »klassenlose Gesellschaft«, »Weltwirtschaft« anstelle von Volkswirtschaft, »Menschheit« anstelle von Nation, frei gebildete Bedürfnisse, freie Übereinkünfte, Freiheit zur Selbstentfaltung. Eine Formulierung von Marcuse:

»In der freien Gesellschaft erhalten die heutigen Einzelfreiheiten einen anderen Sinn ... wirtschaftliche Freiheit wäre Freiheit *von* der Wirtschaft – von der Kontrolle durch Wirtschaftsmächte und wirtschaftliche Beziehungen; Freiheit vom täglichen Kampf ums Dasein, von der Notwendigkeit, seinen Unterhalt zu verdienen. Politische Freiheit wäre Befreiung der Individuen *von* der Politik, über die sie keine wirksame Kontrolle haben. Entsprechend wäre geistige Freiheit die Wiederherstellung individuellen Denkens, das jetzt absorbiert wird von den Medien der Massenkommunikation und Indoktrination«. Der neue Zustand wäre ein Zustand der Befriedigung, der Ruhe, der Muße, des Glücks, der individuellen Autonomie, kurz: Freiheit wäre: »die Realisierung dessen, was man heute noch Utopie nennt«.[3]

Wie die politische Form der realisierten Utopie aussehen soll, deutet die im Lager der neuen Linken gebräuchliche Formel der Rätedemokratie an. Bisher wurde sie freilich noch kaum konkretisiert. Gemeint ist wohl ein System der Selbstverwaltung, in dem die Menschen die Regelung ihrer gemeinsamen Angelegenheiten in kleinen, überschaubaren Gruppen besorgen, und Entscheidungskompetenzen nur in der Form des imperativen, jederzeit kündbaren Mandats delegieren, also eine Kombination von lokaler und überlokal-plebiszitärer Demokratie, in der Identität von Herrschenden und Beherrschten und damit faktisch keine Herrschaft besteht. Gegenüber solchen Vorstellungen nehmen sich die des traditionellen Sozialismus altmodisch und undemokratisch aus. Altmodisch wären etwa Abendroths Forderungen: »Vergesellschaftung derjenigen Produktionsmittel und ökonomischen Kommandostellen, die nur durch gesellschaftliche Arbeit betrieben werden können.«[4] Altmodisch wäre auch das Konzept einer Sozialordnung, »die das oligopolistische oder monopolistische Kapital durch Vergesellschaftung der planvollen demokratischen Lenkung durch die Gesellschaft unterwirft«.[5]

Die Revolution auf dem Papier frißt heute nicht ihre Kinder, sie verschlingt die Väter: der Gedanke an Verstaatlichung der Produktionsinstrumente als Mittel zur Herstellung von Freiheit gilt bei der neuen Linken als überholt.

Wie berechtigt die Kritik an manchen der traditionellen sozialistischen Konzepte sein mag – die der anarchistischen und syndikalistischen Überlieferung entnommenen Gegenvorstellungen gewinnen nicht dadurch schon an Plausibilität. Vor allem der Rätegedanke gehört ins Reich einer soziologisch zu wenig informierten Spekulation. Offen ist, wie eine Gesellschaft, die sich nach freien Selbstverwaltungsräten gruppiert, mit den Aufgaben der industriellen Produktionsweise fertig werden kann. Daß diese erhalten bleiben soll, versteht sich für die

[3] One Dimensional Man, a.a.O., S. 4.
[4] *Wolfgang Abendroth,* Antagonistische Gesellschaft und politische Demokratie. Aufsätze zur politischen Soziologie, Neuwied und Berlin 1967, S. 78.
[5] Ebenda, S. 101.

revolutionäre Linke von selbst – sind doch die industriellen Techniken und ihre fortschreitende Verbesserung die Voraussetzung für die Abschaffung von Armut, die ihrerseits als Bedingung eines herrschaftsfreien Zustands gilt. Wie aber sollen Räte, also kleine, überschaubare, nicht bürokratisch organisierte Gruppen den Anforderungen genügen, die die Industrieproduktion in jedem Fall, auch in einem nicht-kapitalistischen und nicht sowjet-sozialistischen System stellt? Den Aufgaben der langfristigen Wirtschaftsplanung, der Koordination großer Arbeits- und Rechnungseinheiten, die erhalten oder hergestellt werden müssen, wenn die Arbeitsproduktivität, damit der Lebensstandard, nicht absinken soll? Auch in einer im Sinn der Revolutionäre freien Gesellschaft muß es überdies eine langfristige Bildungsplanung geben, bedarf es der Planung im Gesundheitswesen, im Verkehr, in den Wohngemeinden. Wie könnte sie von Räten mit wechselnder Zusammensetzung geleistet werden? Planung, ohne die keine industrielle Wirtschaft auskommen kann, erfordert die Mitarbeit von Experten. Wie aber wird die Kontinuität solcher Mitarbeit garantiert, wenn die Ratsmitglieder, denen die Wahrnehmung von Spezialistenaufgaben als Mandat zugewiesen worden ist, jederzeit abberufen werden können? Wie ist überhaupt ein imperatives Mandat für Spezialisten möglich, über deren Tätigkeit der Laie nicht urteilen, die er folglich auch nicht wirksam kontrollieren kann?

Es sind indes nicht allein die aus der industriellen Produktionsweise erwachsenden Probleme, die die Organisation der Gesellschaft als Räte-Demokratie grundsätzlich verhindern. Auch andere, im engeren Sinn soziale und sozialpsychologische Schwierigkeiten stehen ihr im Weg. Eine Räte-Demokratie könnte nur funktionieren, wenn alle Mitglieder zur Mitarbeit bereit und fähig sind. Andernfalls tritt in Kraft, was Robert Michels vor einem halben Jahrhundert das »eherne Gesetz der Oligarchienbildung« nannte: die Herrschaft einer aktiven, an sachlicher Fähigkeit und manipulativem Geschick überlegenen Minderheit über die Majorität. Anschauungsmaterial dazu liefern einige heutige Vorgänge an den Universitäten. In jeder Universität gibt es sogenannte Fachschaften, die Gesamtheit der Studierenden eines Fachs, die eigene Sprecher, eigene Vertreter für die Institutsräte und andere akademische Gremien wählen. Wenn die gegenwärtig verfügbaren, keinesfalls vollständigen Informationen nicht täuschen, nehmen viele, vielleicht sogar die meisten Studierenden an den Fachschaftsversammlungen nicht oder nur sporadisch teil. Häufig werden die Vertreter der Gesamtheit daher lediglich von einer Minderheit gewählt. Wichtiger ist die Gefahr, daß schließlich diejenigen Mandate erhalten, die die größeren demagogischen Fähigkeiten besitzen. Nicht alle Studierenden können jederzeit Agitation von Argumentation unterscheiden, und nicht selten imponiert der rhetorisch versierte Simplificateur, der Halbwahrheiten für wissenschaftliche Erkenntnis ausgibt. Seine Wahl ist ein Fall von scheindemokratischem Verfahren, das auch dann gegenüber Parallelvorgängen außerhalb der Universität nicht an Legitimität gewinnt, wenn der Gewählte sich als Anwalt der erst herzustellenden Hochschuldemokratie versteht. Wohlgemerkt: das »Rätesystem« der Fachschaften liefert lediglich Anschauungsmaterial zur Gesamtproblematik der Rätedemokratie, und gewiß wird die These, eine Rätedemokratie sei möglich, durch die Praxis der Fachschaftsdemokratie noch nicht widerlegt. Immerhin verweisen die gegenwärtigen Erfahrungen aber auf Probleme der Oligarchienbildung, die die Verfechter des Rätegedankens zu klären hätten. Das ist bisher nicht geschehen.

Der gemeinsame Nenner der Utopien, die namentlich bei Studenten Anklang finden, ist die Idee der herrschaftsfreien Gesellschaft. Ich halte die Diskussion darüber für unpolitisch, doch müssen wir auf sie eingehen, weil sie Kernstück vieler Träume von einer Revolution ist. Unpolitisch ist die Hoffnung, insofern die herrschaftsfreie Gesellschaft voraussetzt, daß auf der ganzen Erde materieller Überfluß herrscht und daß alle Länder der Welt jene Freiheit wollen. Andernfalls wären die wirtschaftlich entwickelten Gebiete, auch wenn ihre Bürger sich für die radikale Freiheit entschieden, genötigt, Verteidigungs- und damit Herrschaftsapparate zu unterhalten. Die wirklich freie Gesellschaft ist also in der Tat nur als Menschheitsgesellschaft denkbar. Diese aber scheint ein ohnmächtiger Traum nicht allein angesichts der materiellen Bedrängnis in großen Teilen der gegenwärtigen Welt. Ohnmächtig ist sie auch, weil sich nicht vorstellen läßt, wie unter den drei oder vier oder noch mehr Milliarden Menschen ein solcher Konsensus zustande kommen kann.

Die Hoffnung auf die Menschheitsgesellschaft, auf die herrschaftslose Freiheit der Abermillionen, ist aus einem Übermaß an Distanz zur Wirklichkeit geboren. Diese Hoffnung stützt sich auf die Erwartung künftiger Solidarität zwischen den Revolutionären in Industrieländern und den Emanzipationsbewegungen der sogenannten Dritten Welt. Schon der Begriff »Dritte Welt« verweist jedoch darauf, daß die Erwartung enttäuscht werden muß. »Dritte Welt« ist ein Sammelbegriff, der so verschiedene Territorien wie Indien und Nigeria, Brasilien und Ägypten umfaßt. Ebenso wie die Formel »Entwicklungsländer« hebt er Gemeinsamkeiten des technischen und wirtschaftlichen Standards hervor. Die Verschiedenheiten der Kulturen, der historisch überkommenen Sozialstrukturen und der daraus erwachsenen kollektiven Mentalitäten gehen in ihn nicht ein. Insofern ist er ein unpolitischer Begriff. Denn gleichartige technisch-ökonomische Tatsachen werden in verschiedenen Kulturen verschieden interpretiert und damit auch für das politische Handeln in verschiedener Weise relevant. Denkbar oder wahrscheinlich ist sogar, daß die Differenzen für das Handeln wichtiger sind als die Gemeinsamkeiten der technisch-wirtschaftlichen Situation. Wäre es anders, so bliebe unerklärlich, warum etwa in Europa im Zeitalter der Armut trotz technischer und ökonomischer Gleichartigkeiten ganz verschiedene politische Ordnungen und politische Mentalitäten entstanden. Bis in unser Jahrhundert hinein haben vor allem diese Unterschiede und nicht die Ähnlichkeiten politisch handlungsbestimmend gewirkt. Den Verschiedenheiten ist es zuzuschreiben, daß die seit Generationen ersehnte Solidarität der Beherrschten in Europa bis heute ausgeblieben ist. Wenn sich die Solidaritätshoffnung aber schon in diesem kulturell relativ homogenen Gebiet als trügerisch erwies, wieviel unrealistischer ist sie dann im Hinblick auf die kulturell derart heterogene »Dritte Welt«.

Der Begriff »Dritte Welt« suggeriert also eine Einheit der Handlungsbedingungen, die nicht nur nicht besteht, sondern auch nicht absehbar ist. Er leistet denen, die ihn verwenden, fragwürdige Dienste, weil er zu einer unrealistischen Einschätzung von Solidaritätschancen verführt. Gewiß wäre es falsch, aus den schlechten europäischen Erfahrungen zu folgern, daß es nie und nirgends zur Brüderlichkeit der Beherrschten kommen kann. Andererseits sollte man diese Erfahrungen aber auch nicht ignorieren. Eher als die Hoffnung auf eine friedliche Menschheitsgesellschaft legen sie skeptische Annahmen nahe – die Erwartung einer zerrissenen Welt, in der nicht nur Unterdrückte gegen Unterdrücker aufbegehren, sondern auch Herrschende und Beherrschte sich gegen ein anderes, durch Herrschaft integriertes Kollektiv verbünden. Diese Befürchtung wird durch die Ereignisse in vielen neuen Staaten noch erhöht, durch den Kaschmirkonflikt, durch die Kriege in Nigeria, durch die Rivalitäten im arabisch-afrikanischen Raum, um nur ein paar Beispiele anzuführen. Sie alle lehren, daß tradierte Feindschaften, neue Nationalismen und kulturell-religiöse Differenzen den Weg zur befreienden Solidarität innerhalb der »Dritten Welt« versperren, ganz zu schweigen von den Chancen brüderlichen Zusammengehens zwischen den Revolutionären in der Alten, der Neuen und der neuen Neuen Welt.

Abgesehen von ihrem Mangel an Aktualität wirft die Utopie der herrschaftsfreien Gesellschaft einige grundsätzliche Probleme auf. Mehrere Fragen sind relevant. Zunächst müssen wir weiter prüfen, ob eine solche Gesellschaft überhaupt, also unabhängig von den heutigen Bedingungen ihrer Herstellung, möglich ist. Zweitens haben wir zu untersuchen, welche Preise für die Revolution zu zahlen wären, von der die Radikalen meinen, daß sie zur Überwindung der Unfreiheit notwendig sei. Auf das dritte Problem, das der Möglichkeit einer Überführung der bestehenden kapitalistischen Gesellschaft in den radikal freien Zustand, gehe ich nicht ein, weil die meisten Interpreten sich einig sind, daß es heute keine reale Chance dafür gibt.

Die radikal freie Gesellschaft, in der die Herrschaft von Menschen über Menschen beseitigt ist, scheitert nicht nur am materiellen Elend in den unentwickelten und an den Feindschaften in allen Teilen der gegenwärtigen Welt. Auch eine Ordnung, in der der technische Produktionsapparat aufs höchste verfeinert und keine Arbeit für Rüstung, Reklame und andere unproduktive Produktion verschwendet wird, braucht Institutionen, die das Zusammenleben regeln.

Nötig ist, die Ziele der Produktion zu formulieren und den Wirtschaftsapparat im Sinn ihrer Verwirklichung zu dirigieren. Auch die technisch vollkommene Welt, von der Marcuse spricht, muß Entscheidungen über die Zwecke des Wirtschaftens fällen. Marcuse schreibt:

»Hinter allen unmenschlichen Aspekten der vom Kapitalismus organisierten Automation erscheinen ihre realen Möglichkeiten: das Entstehen der technologischen Welt, in der der Mensch endlich von dem Apparat seiner Arbeit zurücktreten, aus ihm heraustreten und ihn überschauen kann – um dann mit ihm frei zu experimentieren ... Der Apparat selbst wird im wörtlichen Sinne zum Subjekt: das ist beinahe die Definition des Automaten. Und in dem Maße, in dem der Apparat selbst Subjekt wird, stößt er den Menschen als dienend-arbeitenden ab, um ihn als denkenden, wissenden, experimentierenden, spielenden freizusetzen. Freiheit von der Notwendigkeit dienenden menschlichen Eingriffs – das ist das Gesetz der technologischen Rationalität.«[6]

Auch wer Marcuse in dieser Vision folgt, kann jedoch nicht übersehen, daß im Zustand ihrer Verwirklichung Entscheidungen notwendig bleiben, Entscheidungen über die Priorität von Bedürfnissen, die die technische Apparatur befriedigen soll, Entscheidungen also über Einzelzwecke und Maßnahmen zu ihrer Realisierung.

Die auf technisch vollkommener Basis lebende Welt muß jedoch nicht nur wirtschaftliche Entscheidungen fällen. Sie braucht auch Rechtssysteme zum Schutz des Einzelnen gegen andere Einzelne, und schließlich Erziehungseinrichtungen, um die intellektuellen und psychischen Voraussetzungen für ein freies Leben zu schaffen. Alle diese und ähnliche Institutionen sind aber Zwänge. Beschlüsse, in freier Übereinkunft erzielt, Gesetze, an denen die Betroffenen mitgearbeitet haben, Erziehungsvorschriften, ohne die die Menschen nicht zu Individuen werden, müssen bindend sein. Das heißt, daß es Sanktionen für ihre Nichtbefolgung geben muß. Damit sind aber Instanzen vonnöten, die über Sanktionsmacht, also Herrschaftsmacht verfügen. Vielleicht wäre

[6] Kultur und Gesellschaft I, a.a.O., S. 14 f.

sie überflüssig, wenn die Menschen sich jederzeit freiwillig an die einmal gefaßten Beschlüsse hielten. Der Hinweis darauf, der auf den »neuen Menschen«, bedeutet aber nichts anderes, als daß der angeblich realistische Charakter der einen Utopie durch eine zweite Utopie begründet wird. Das Problem, an dem auch diese Utopie scheitert, ist alt. Der kanadische Politikwissenschaftler MacPherson hat es folgendermaßen formuliert:

»Wenn man wie die Urheber aller dieser Revolutionen (des 18., 19. und 20. Jahrhunderts) glaubt, daß gerade die gesellschaftliche Struktur – die in der Gesellschaft herrschenden Machtverhältnisse – den Menschen die Erfüllung ihrer Menschlichkeit vorenthält, sie unfähig macht, ihre wahren menschlichen Möglichkeiten zu verwirklichen oder auch nur zu erkennen, wenn man dies also glaubt: was soll man dann tun? Wie kann diese entwürdigende Gesellschaft von denjenigen verändert werden, die selbst von ihr entwürdigt sind? Das ist das Problem, dem nicht nur liberale und radikale, sondern auch konservative Reformer gegenüberstanden, von Plato bis Rousseau, von Thomas Morus bis Marx. Die entwürdigten Menschen sind laut Definition in ihrer Masse unfähig, sich selbst zu reformieren. Man kann von ihnen nicht erwarten, daß sie sich am eigenen Schopf aus dem Sumpf ziehen. Die Antworten der größten politischen Reformer, von den konservativsten bis zu den radikalsten, stützen sich auf die vorübergehende oder ständige Herrschaft moralisch oder intellektuell überlegener Führer.«[7]

Damit ist bereits das zweite Problem angezeigt, das der Preise für eine Revolution. Angenommen, die herrschaftslose Gesellschaft wäre grundsätzlich doch möglich – wie könnte sie hergestellt werden? Sehen wir davon ab, daß das revolutionäre Potential in industriellen Ländern schwach ist oder gar nicht existiert. Auch wenn es vorhanden wäre, und wenn die Revolutionäre sich dem Programm der radikalen Freiheit verschrieben – wie würde der Übergang von der alten zur neuen Gesellschaft aussehen? Zweifellos blutig und diktatorial. Denn die Revolutionäre, die Blutvergießen hassen mögen, wären doch zu Gewalt und Mord gezwungen, eben weil die Massen als Produkte der unfreien Gesellschaft nicht gleich zur Freiheit fähig wären und weil die Inhaber der Herrschaftspositionen ihre Privilegien verteidigen, Anhänger mobilisieren würden. Dagegen käme die Revolution einzig mit Totschlag und Unterdrückung, also mit einer Diktatur an. Offen ist, wie diese sich beseitigen ließe. Man hat in diesem Zusammenhang von einer Erziehungsdiktatur gesprochen. Der Terminus wurde von dem verstorbenen Politikwissenschaftler Franz Neumann eingeführt. Diejenigen, die ihn heute übernehmen, vergessen aber, was Neumann hin-

7 *C. B. MacPherson,* Drei Formen der Demokratie, Frankfurt/M. 1967.

zugefügt hat, daß nämlich in der technischen Gesellschaft jede diktatorisch verfahrende Regierung imstande ist, Opposition rigoros zu unterdrücken. Die Gefahren einer Revolution wären also riesig. Sie sind es aus strukturellen Gründen und nicht bloß, weil – nach dem Diktum von Lord Acton – Macht korrumpiert und absolute Macht absolut korrumpiert. Einige Radikale leugnen das. So meinte zum Beispiel Herbert Marcuse in einem Spiegel-Interview:

»Ist diese Gefahr wirklich a priori so unendlich viel größer als der Mißbrauch, der heute mit der Macht getrieben wird?«[8]

In anderen Worten: das Risiko einer revolutionären Diktatur wäre nicht ernster als das Risiko des Machtmißbrauches durch die heute herrschenden Gruppen. Eben das scheint aber fraglich. Denn jene Diktatoren hätten noch größere Macht als die, die heute die Länder regieren, in denen wenigstens die demokratische Methode der Ämterbesetzung angewendet wird. Vor allem: warum sollten wir die ungeheuren Risikos einer Revolution auf uns nehmen, wenn die Wahrscheinlichkeit des Machtmißbrauchs so gewaltig ist? Warum für die ganze unreale Aussicht auf eine sogenannte freie Gesellschaft alles aufs Spiel stellen, was zwar nicht ideal, aber trotzdem Fortschritt ist; die eben doch vorhandenen Einzelfreiheiten, die doch bestehenden Chancen einer Kontrolle der Regierenden, den nicht nur als Statusabzeichen, sondern auch dem Genuß dienenden Konsum?

Die Leugnung der mit einer Revolution verbundenen Gefahren ist zynisch. Sie bezeugt zudem mangelnde Vertrautheit mit den Grundbegriffen der Soziologie. Gerade diejenigen, die die Gesellschaft unterm Gesichtspunkt ihrer totalen Veränderung analysieren, verkennen die sozialen Zwänge, die jede revolutionäre Situation enthält. Damit verstoßen sie gegen ihr eigenes Prinzip, daß die Analyse der sozialen Tatsachen die erste Bedingung für die Maximierung von Freiheit ist.

Die radikalen Theorien fördern sicher die Erkenntnis der heutigen Welt. Ihren eigenen Anspruch, nämlich die Möglichkeit des grundsätzlich Besseren nachzuweisen und dadurch freiheitliche Aktionslehren zu sein, erfüllen sie jedoch nicht. Sie sind wissenschaftlich unhaltbar und zugleich moralisch fragwürdig, weil sie für stringente Beweise ausgeben, was bloß Behauptung ist, und weil sie zu Handlungen ermutigen wollen, die statt auf Ausweitung vorhandener Ansätze von Demokratie faktisch auf deren Beseitigung zielen.

Der Nachweis, daß die herrschaftsfreie Gesellschaft unrealisierbar und die an ihr orientierte Revolution damit sinnlos ist, trägt freilich nur wenig zur Lösung der Probleme bei, die aus der gegenwärtigen Herrschaftsverfassung erwachsen und jeden bedrängen, dem an einer

[8] Der Spiegel Nr. 35 vom 21. 8. 1967.

Demokratisierung der Gesellschaft liegt. Auch die schärfste Kritik am Revolutionsprogramm schafft die irrationalen Unfreiheiten nicht aus der Welt. Daß namentlich in Westdeutschland solche Unfreiheiten bestehen, weiß jeder Kritiker, der nicht zur NPD oder ihren Geistesverwandten gehört. Seine Ablehnung der Revolutionsidee bedeutet nicht Zustimmung zu dem, was heute ist. Was aber ist? Eine totalitäre Vergangenheit, die zu wenig überwunden, und eine Demokratie, die nicht genügend gefestigt ist, um das Land ein für allemal vor dem Rückfall in offen autoritäre Formen zu bewahren. Alle Untersuchungen bestätigen diese Interpretation. Sie zeigen, daß die Majorität der Beherrschten sich für Politik nicht interessiert, sich nicht informiert und schon gar nicht demokratisch engagiert, daß sie daher für autoritäre Lösungsvorschläge anfällig bleibt, wenn es jemals zu einer größeren Wirtschaftskrise, zu einer ernsten äußeren Bedrohung oder zu einer schweren nationalen politischen Niederlage kommt.

Wir können auch nicht zweifeln, daß aus dem Kreis der heute herrschenden Gruppen in einer Krisensituation solche autoritären Lösungen angeboten werden. Denn so wenig wie die Masse der Beherrschten bildet das Gros der Herrschenden ein Bollwerk der Demokratie. Nahezu durchgehend neigen Kabinette, Parlamente, Parteien, Militärs, Polizei, die Leiter von Wirtschaftsunternehmen und Wirtschaftsverbänden zu einer obrigkeitlichen Deutung der Verfassung. Die Belege dafür sind in verschiedenen Schriften zusammengestellt, ich brauche sie nicht zu wiederholen. Statt den systematischen Beweis zu führen, kann ich mich auf einige Illustrationen beschränken.

Evident sind die obrigkeitlichen Haltungen vor allem in der Sphäre der Politik. Hier reichen sie von Unwahrheiten und Fiktionen bis zu offen autoritären Maßnahmen und Programmen. Ich erinnere nur an die unwahrhaftige Rede von Berlin als deutscher Hauptstadt und an die Formel »freiheitlicher Westen«, die regelmäßig Portugal und Spanien einbezieht. Die Weigerung, die Oder-Neiße-Linie als endgültige Grenze anzunehmen, der Alleinvertretungsanspruch und die Hallstein-Doktrin stehen auf demselben Blatt. Desgleichen der Skandal Lübke, die Waffenlieferungen an Griechenland, die Fortsetzung der Entwicklungshilfe für Südkorea. Auch die Widersprüche zwischen offiziellen Bekenntnissen und tatsächlichem Verhalten verraten alles andere als eine konsequente Auffassung von Demokratie: der Widerspruch zwischen dem Versprechen einer expansiven Bildungspolitik und den restriktiven Empfehlungen zur Einführung von numerus clausus und Zwangsexmatrikulation; der Widerspruch zwischen Lobreden auf das Privateigentum und Passivität gegenüber seiner Aushöhlung durch zunehmende Konzentration; der Widerspruch zwischen dem Schwur auf die Pressefreiheit und dem amtlichen Stillhalten gegenüber Springer.

Vollends unglaubwürdig wird die Selbstdeutung als Hüter der Verfassung, wo man die Herstellung einer Formierten Gesellschaft, die Bespitzelung studentischer Organisationen und das Mehrheitswahlrecht als Mittel zur Ausschaltung abweichender Minderheiten propagiert. Daß alle diese Vorhaben mehr sind als harmlose Spekulationen, bezeugen schließlich die direkt autoritären Aktionen: die Verabschiedung der Notstandsgesetze, die Reaktionen der Polizeipräsidenten in Bremen und Berlin, die Erschießung Ohnesorgs, der Ausschluß »linker« SPD-Mitglieder in Berlin, die gegen den Vietnamkrieg demonstrierten, die Ausstaffierung des Gerichtssaals mit Polizisten im Prozeß gegen Teufel und Langhans, die harten Gerichtsurteile gegen Demonstranten, die etwas weiter zurückliegenden »Affären«: Überfall auf die Spiegel-Redaktion und illegale Telefonüberwachung.

Auch das Verbot der KPD und – vielleicht noch eindeutiger – die Weigerung, das Verbot aufzuheben, gehören in diesen Katalog. Desgleichen der unzureichende Widerstand gegen die Gefahr, daß die Polizei aus einer demokratischen Ordnungsmacht immer mehr zu einer autoritären Gewalt ausgebaut wird, die Demonstranten als Feinde betrachtet und folgerichtig von ihnen als feindlich gesehen wird. Angesichts solcher und ähnlicher Maßnahmen, angesichts dieser und vieler anderer Unterlassungen fällt es schwer, an die Zuverlässigkeit des demokratischen Engagements bei den politischen Führungsgruppen zu glauben. Nicht einmal der Glaube an ihre politische Intelligenz findet unter diesen Umständen Stützen, an die er sich halten kann. Denn die genannten und die zahlreichen nicht genannten verwandten Aktionen tragen dazu bei, den politischen Untergrund zu vergrößern, die lebensgefährliche Radikalisierung in vielen Lagern zu steigern und damit die Gefahren der Diffamierung, der Denunziation und des Ausbaus der Überwachungsapparate zu erhöhen. Kein Wunder, daß Mißtrauen und emotionaler Protest gerade bei jungen Menschen wachsen. Übrigens versteht es sich von selbst, daß die politischen Führungsgruppen kein Monopol auf undemokratische oder gegendemokratische Einstellungen und Handlungen haben. Andere Herrschaftsgruppen, etwa Leiter größerer Wirtschaftsunternehmen und ihre Verbände, bleiben darin schwerlich hinter ihnen zurück. Ein Beispiel ist die Einstellung zur Mitbestimmung. Von vornherein lehnt die überwiegende Mehrheit der sogenannten Wirtschaftsführer sie ab.

Wir können also gewiß nicht sagen, die Demokratie, gleichviel welchen Begriff von ihr man zugrunde legt, habe schon eine sichere Heimstätte in unserem Land. Sie ist permanent von innen bedroht und mit ihr jeder von uns. Was wäre dagegen zu tun? Wenn die Revolution keine demokratische Alternative ist, bleiben nur Reformen. Sie sind unsere einzige Chance. Freilich treten dabei ähnliche Schwierigkeiten auf wie die, denen die Revolutionäre gegenüber stehen. Kaum anders als die revolutionäre Agitation scheitern die Reformhoffnungen heute keineswegs allein am Widerstand der herrschenden Gruppen, sondern auch an der Mangelhaftigkeit des Denkens und an der verbreiteten Lethargie. Infolgedessen müssen Reformbestrebungen, sollen sie stärker wirksam werden, an beiden Fronten ansetzen, als Denken *und* als Aktion. Was das Denken anlangt, so scheint charakteristisch, daß die soziale Phantasie bisher zu wenig mobilisiert worden ist. Das gilt nicht zuletzt für meine Disziplin, die Soziologie. Die Soziologie in ihren verschiedenen Formen war seit der Wiedereinführung in Deutschland vor zwei Jahrzehnten vor allem am Abbau des Denkens in Naturkategorien interessiert. Ein Beispiel sind die aus diesem, wenn auch keinesfalls nur aus diesem Fach hervorgegangenen Versuche, die soziale Bedingtheit von Begabung zu dokumentieren und die überkommene These der Naturbedingtheit von Schichtungsunterschieden zu widerlegen. Über der Abwehr naturalistischer Deutungen von sozialen Phänomenen, Deutungen, die allemal antidemokratisch sind, und über der lebenswichtigen Gesellschaftskritik wurden jedoch andere, für die Demokratie gleichermaßen bedeutsame Aufgaben vernachlässigt oder gar nicht wahrgenommen. Ich meine hier vor allem die Orientierung soziologischen Denkens an der demokratischen Reform. Soziologie erzieht zwar zu kritischer Wahrnehmung von Fakten. Bisher bildete sie aber die Phantasie für konkrete Reformvorschläge wenig aus. Selten bedeutete kritisches sozialwissenschaftliches Denken zugleich auch Denken in Begriffen konkreter demokratisierender Therapie.

Ich will das Gemeinte an zwei Beispielen verdeutlichen. Das eine bezieht sich auf die Problematik der Unternehmensverfassung, das andere auf einige Schwierigkeiten der Parlamente in den westlichen Demokratien.

Nationalökonomen, Betriebswirte, Soziologen und Juristen haben schon vor Jahrzehnten nachgewiesen, daß die privatwirtschaftlich organisierten Großunternehmen faktisch keine wirklich privaten Gebilde sind. Sie sind quasi-öffentliche Institutionen – öffentlich, weil die Vorgänge in ihnen nicht allein wenige Privatpersonen, sondern große Kollektive betreffen, nur *quasi*-öffentlich, weil sie von Privatpersonen nach Maßgabe privater Interessen betrieben werden. Der öffentliche Charakter der Großunternehmen wird auch dadurch dokumentiert, daß ihre Eigentümer, handele es sich um wenige Großaktionäre oder um eine Vielzahl von kleinen Anteilseignern, faktisch nicht mehr in der Lage sind, für Verluste, die aus ihren Beschlüssen oder denen ihrer Beauftragten entstehen, zu haften. Bei erheblichen wirtschaftlichen Risikos und in Notfällen beanspruchen und erhalten sie die Hilfe der öffentlichen Hand. Für die Mißwirtschaft in der Firma Krupp kamen die Steuerzahler und nicht die privaten Eigentümer oder die leitenden Privatangestellten auf. Wenn aber die Großunternehmen faktisch öffentliche Einrichtungen sind, lebenswichtig für das Gemeinwesen insgesamt und umgekehrt wesentlich auf öffentliche Hilfen angewiesen, dann läßt sich ihre ausschließlich private Lenkung nicht mehr legitimieren. Nötig sind dann Unternehmensformen, die die wirksame Mitentscheidung von Repräsentanten der Öffentlichkeit bei allen wichtigen Angelegenheiten garantieren. Solche Formen müssen zunächst theoretisch entworfen werden. Eben das geschieht aber in den zuständigen Wissenschaften nicht oder nicht mehr. Werden doch Versuche unternommen, so enden sie meist in der Zurückweisung des altmodischen Verstaatlichungskonzepts oder in Vorschlägen für Änderungen des Aktienrechts, die keinen grundlegenden Wandel bedeuten. Beinahe durchgehend begnügen sich Wissenschaftler mit der kritischen Analyse der vorgefundenen Situation. Zu Reformvorschlägen, die zugleich einschneidend *und* praktikabel sind, kommt es nicht. Die Kluft zwischen kritischer Analyse und notwendiger praktischer Reform bleibt bereits in der Theorie unüberbrückt.

Ähnlich verhält es sich mit der wissenschaftlichen Kritik an der Arbeit der Parlamente. Auch hier sind die Probleme gründlich untersucht: die Schwäche des Parlaments gegenüber der Regierungsbürokratie, die unzulängliche Wahrnehmung parlamentarischer Kontrollaufgaben, der Mangel an Hilfsdiensten, intellektuelle und zeitliche Überforderung von Abgeordneten, die Konzentration auf ungezählte Gesetzesdetails unter Vernachlässigung des vorgreifenden, neuernden, die Zukunft planenden Denkens. An wissenschaftlichen Beschreibungen, Analysen und Erklärungen dieser und anderer Defekte fehlt es nicht. Auch nicht an außerwissenschaftlichen Äußerungen, die Radikalkuren: die Abschaffung des Parlamentarismus, die Ersetzung der parlamentarischen durch die plebiszitäre Demokratie empfehlen. Zwischen wissenschaftlicher Untersuchung und Radikalprogramm aber ist ein Niemandsland, das Niemandsland der wenig erforschten Möglichkeiten demokratisierender Parlamentsreform.

Selbstverständlich gilt die Kritik an der bisherigen Soziologie auch für andere Disziplinen. Ihr wenigstens partielles und nach wie vor revidierbares Versagen hat mit dem vorherrschenden Wissenschaftsbegriff zu tun. Wissenschaft gilt vielfach als eine Art außersoziales, der Gesellschaft exterritoriales Geschäft. Ihre gesellschaftlichen Bedingungen und Folgen könnten zwar Gegenstand eines besonderen Fachs, eben der Soziologie, aber nicht Objekt der Reflexion in allen Disziplinen sein. Der Chemiker, der die wirtschaftlichen und politischen Auswirkungen seiner Wissenschaft bedenkt, der Historiker, der diese sozialen Tatsachen in seine Forschung und in die Lehre einbezieht, Vertreter anderer Natur- oder Geisteswissenschaften, die in diesem Sinn die sozialen Verflechtungen ihrer Arbeit reflektieren, sind bei uns rar. Eher neigt man dazu, Wissenschaft als »reine« Wissenschaft zu verstehen, als Denkleistung, die keine Verantwortung für ihre Konsequenzen hat. Diese Auffassung ist Patin des vorhin skizzierten gebrochenen Verhältnisses zur politischen Realität.

Aber auch wenn die Wissenschaftler allmählich dazu übergingen, die Wirklichkeit auf ihre Reformierbarkeit zu untersuchen, wäre damit nur ein erster Schritt zur Reform heutiger Formen von Demokratie getan. Reflexion, Untersuchungen, Vorschläge reichen nicht aus. Sie setzen sich nicht selbsttätig durch. Um sie zu realisieren oder wenigstens als Elemente der Vernunft in Kompromisse einzubringen, müssen sie von aktiven Gruppen vertreten werden. Diese Gruppen gibt es bei uns. Sie finden sich nicht im Kreis der Herrschenden, sondern sind Außenseiter der Apparate: vor allem Studenten, aber auch einige Publizisten, einige Professoren, einige Schüler, einige Gewerkschaftsfunktionäre, einige unbürokratische Organisationen wie die Humanistische Union. Ohne ihre Aktivität bleiben die schönsten Reformvorschläge Papier. Andererseits haben die Aktionen der Opponenten größere Aussichten auf Erfolg, wenn sie *praktikable* Änderungen verfechten. Sie kommen nicht voran, solange die Denkarbeit: die Formulierung der allgemeinen Ziele einer Reform und die Bestimmung der dafür nötigen langfristigen und kurzfristigen Änderungen nicht geleistet ist. Das scheint eine der Lehren des Aufstands in Frankreich zu sein. Bisher sieht es nicht so aus, als wäre es gelungen, ihn *politisch*, also für Strukturwandlungen zu nutzen. Vielleicht liegt das auch daran, daß die ganz konkreten Reformprogramme fehlten.

Die Opponenten müssen also die vorhandenen Freiheitsspielräume in mehrfacher Weise nutzen: durch praxisnahe soziale Phantasie *und* durch Aktion, durch konstruktive kritische Programme *und* durch Demonstration, Verweigerung, Protest. Beides ist bisher nicht hinreichend geleistet, beides ist schwierig, erfordert viel Zeit. Hergabe von Zeit bedeutet persönliche Opfer. Ohne sie ist aber eine Demokratisierung nicht möglich.

Um die Chancen demokratisch reformierenden Denkens und demokratisch reformierender Aktion hier und heute in der Bundesrepublik zu bestimmen, müßten wir eine neue Untersuchung beginnen. Dafür reicht die Zeit nicht aus. Deshalb nur eine Notiz. Ich glaube, daß man die Aussichten für eine demokratische Regeneration durch Reform nicht pessimistisch beurteilen muß. Die Freiheitsspielräume sind vorhanden, und der Beweis, daß sie sich gerade in den kapitalistischen Gesellschaften verkleinern, ist bisher nicht geführt. Daß es sie gibt, zeigen sowohl die vielen Ideen, die in den letzten Jahren unabhängig voneinander formuliert worden sind, als auch die Erfolge namentlich studentischer Aktionen. Auch die von mehreren Gruppen getragene und ebenfalls erst seit relativ kurzer Zeit betriebene Bildungswerbung war so erfolgreich, daß sie als Beleg für das Vorhandensein beachtlicher Freiheitsspielräume gelten kann. Vielleicht sind die Spielräume größer als die bisherigen Versuche, sie zu nutzen.

Die auf Demokratisierung drängenden oppositionellen Gruppen haben ihre Ziele nirgends ganz realisiert und werden sie wohl auch nirgends vollständig verwirklichen können. Die Halbheit oder Bescheidenheit der Erfolge sollte aber weder als Niederlage noch als Beweis für die Unmöglichkeit rationaler Reformen gedeutet werden. Wer mit demokratischen Mitteln kämpft, kann keine totalen Siege erringen. Wer totale Siege will, muß zu undemokratischen Mitteln greifen. Demokratisch ist nur der Kompromiß, und auf dessen Vernunft kommt es an.

Die radikale Freiheit mag eine schlechte Utopie, die demokratische Reform unendlich mühsam sein. Wenn es jedoch gelänge, die Energien, die heute für das Revolutionsprogramm aufgebracht werden, in die Bahnen konsequent demokratischer Reform zu lenken, hätte diese eine größere Chance, als sie wahrscheinlich jemals zuvor in der deutschen Geschichte besessen hat.

Fazit: Kapitalismus und Demokratie

In öffentlichen und in wissenschaftlichen Debatten über das Verhältnis von Kapitalismus und Demokratie wird sowohl mit verschiedenen Demokratiebegriffen als auch mit verschiedenen Deutungen der (westdeutschen) Gesellschaft operiert. Diese Verschiedenheit der Begriffe und Interpretationen bedingt Unterschiede der sie verbindenden Theorien. Je nachdem, welches Konzept von Demokratie und welche Auffassung von der bestehenden Gesellschaft ihnen zugrunde liegen, fallen auch die Thesen über die Beziehungen zwischen Kapitalismus und Demokratie verschieden aus.

Unproblematisch sind diese Beziehungen für die Verfechter eines engen Begriffs der Demokratie, etwa für Schumpeter und Lipset. Schumpeter zufolge ist Demokratie lediglich eine *Methode*; das Verfahren zur Besetzung der obersten Entscheidungsämter im Staat durch allgemeine und freie Wahlen, in denen mehrere Parteien miteinander konkurrieren. In seinen Worten: »Die demokratische Methode ist diejenige Ordnung der Institutionen zur Erreichung politischer Entscheidungen, bei welcher einzelne die Entscheidungsbefugnis mittels eines Konkurrenzkampfes um die Stimmen des Volkes erwerben.«[1]

Diese Definition, geeignet für erste Klassifikationen, reicht nicht aus, weil mit ihr die *Zwecke,* denen die demokratische Methode dient, und deren Rückwirkungen auf das soziale Handeln vernachlässigt werden. Alle von Schumpeter selber als demokratisch eingestuften Verfassungen der Neuzeit sind unlösbar auch mit Zielen, mit den Ideen der Freiheit und der Chancengleichheit, verknüpft. Obwohl nicht identisch mit der Wirklichkeit, sind sie nicht nur Museumsstücke, sondern Forderungen an die Realität, sich ihnen zu nähern. Als solche haben sie mehr oder minder verzerrt das Bewußtsein breiter Gruppen erobert und wirken über diese Vermittlung auf die politische Praxis zurück. Sowohl die westdeutschen Versuche zu einer Bildungsreform als auch die Sozialgesetzgebung, die amerikanische Bürgerrechtsbewegung nicht anders als die Kritik am Krieg in Vietnam berufen sich auf sie. Wo die demokratische *Methode* besteht, bilden die demokratischen *Werte* den Maßstab, an dem allein die Legitimität oder Illegitimität politischer Handlungen sich ausmachen läßt. Insofern sind die Zwecke reale Mächte, nicht ohnmächtiger Geist. Deshalb müssen sie auch in den Begriff der Demokratie hereingenommen werden. Ohne sie ist er so reali-

[1] *Joseph A. Schumpeter,* Kapitalismus, Sozialismus und Demokratie, Bern 1950, S. 428.

tätsfern wie das Konzept der direkten Demokratie, das Schumpeter kritisiert. Ohne sie ist es auch nicht möglich, das Verhältnis von Kapitalismus und Demokratie adäquat zu analysieren. Nur weil die Definition sie ignoriert, werden die Beziehungen zwischen beiden Teilordnungen nicht zum Problem. Die faktischen Schwierigkeiten bleiben jedoch bestehen und verlangen ein Konzept, das es erlaubt, sie zu untersuchen.

Ein Verhältnis relativer Indifferenz von Kapitalismus und Demokratie besteht auch dort, wo man sich am Konsensus- oder Billigungsbegriff der Demokratie orientiert. Er wird ebenso wie der gerade besprochene von zahlreichen Sozialwissenschaftlern vertreten. Nach dieser Auffassung ist Demokratie eine Herrschaftsordnung, in der die Regierenden prinzipiell mit Zustimmung oder unter Billigung der Regierten regieren; ein System zur Erreichung von Entscheidungen, in dem die Führer die Wünsche der Geführten mehr oder minder stark berücksichtigen, in dem sie also auf ein gewisses Maß an Zustimmung von seiten der Beherrschten angewiesen sind.[2] Ähnlich, aber mit anderer Akzentuierung, formuliert Lipset: »Demokratie ist ein sozialer Mechanismus, der das gesellschaftliche Problem, Entscheidungen zwischen Gruppen mit gegensätzlichen Interessen zu erzielen, mit einem Minimum an Gewaltanwendung und einem Maximum an Übereinstimmung löst.«[3] In diesen Definitionen liegt das Schwergewicht nicht wie bei Schumpeter auf der Methode, sondern auf ihren offenkundigsten Konsequenzen: der Ausübung der Regierungsgewalt durch eine von der Mehrheit des Volkes gebilligte Regierung und der für diese bestehenden Notwendigkeit, die Ansprüche divergierender Gruppen durch von ihnen wenigstens halbwegs akzeptierte Kompromisse zu balancieren. Länder, in denen die Regierungen durch die demokratische Methode, und Kompromisse im wesentlichen ohne offene Gewalt zustande kommen, sind gemäß diesem Konzept demokratisch. Dabei spielt es nur eine untergeordnete Rolle, wie die Zustimmung erreicht worden, wie gerecht der Kompromiß ist. Erwägungen darüber, also die normativen Elemente von Demokratie, scheidet die Definition ebenfalls aus. Insofern ist sie ebenso unbefriedigend wie Schumpeters Begriff. Sie leistet nicht, was sie leisten soll, eine angemessene Bestimmung soziopolitischer Realität.

Relativ problemlos ist die Beziehung zwischen Kapitalismus und Demokratie auch für die, die von vornherein eine Begünstigung der

[2] *Robert Dahl,* Hierarchy, Democracy and Bargaining in Politics and Economics, in: *Heinz Eulau, Samuel J. Eldersveld, Morris Janowitz,* Hrsg., Political Behavior, Glencoe, Ill. 1959, S. 87.
[3] *Seymour Martin Lipset,* Political Sociology, in: *Robert K. Merton, Leonard Broom, Leonard S. Cottrell,* Hrsg., Sociology Today, New York 1959, S. 92.

Demokratie durch den Kapitalismus unterstellen, etwa für die Verteidiger der neoliberalen Gesellschaftstheorie.[4] Diese Autoren können sich zunächst darauf berufen, daß die liberale und parlamentarische Demokratie historisch ein Erzeugnis der »Marktgesellschaft« ist: »Die liberale Demokratie ist ein recht spätes Produkt der Marktgesellschaft; das erste Bedürfnis der Marktgesellschaft war der liberale, nicht der demokratische Staat: ein liberaler Staat, der durch die Konkurrenz politischer, einer privilegierten Wählerschaft verantwortlicher Parteien funktionieren soll. Das allgemeine Wahlrecht kam erst hinzu, als die von der kapitalistischen Marktgesellschaft geschaffene Arbeiterklasse stark genug geworden war, um an der Konkurrenz teilzunehmen, stark genug für die Forderung nach Einfluß im politischen Wettbewerb. Die liberale Demokratie ist so das einzigartige Produkt erfolgreicher kapitalistischer Marktgesellschaft.«[5] Für die Auffassung, der Kapitalismus fördere die Demokratie, werden noch weitere Argumente geltend gemacht.[6] Mit der Trennung von Staat und Wirtschaft, so heißt es, von privater und öffentlicher Macht, ermögliche die auf dem Privateigentum an Produktionsmitteln basierende Marktwirtschaft überhaupt erst die politische Demokratie als ein System dezentralisierter, durch Konkurrenz kontrollierter Ausübung von Macht. Zugleich sei sie es, die den Geist der Freiheit wecke und erhalte, den Geist des Widerstandes gegen autoritäre Übergriffe der Staatsgewalt. Die Marktwirtschaft erziehe zu einer Haltung, die den Interessenausgleich durch Wettbewerb über den Ausgleich durch Staatsdekret stellt.[7] Das Interesse an der Erhaltung der Marktwirtschaft bringe das Interesse an der Erhaltung einer Demokratie der rivalisierenden politischen Parteien hervor.

Auch diese Thesen befriedigen nicht, obwohl sie sozio-ökonomische mit politischen Sachverhalten verbinden. Sie sind unbefriedigend, weil sie die für die Kader des Kapitalismus und für die Mehrheit der Staatsbürger die in der Bundesrepublik, aber auch in den USA charakteristische Parteinahme gegen eine Zentralverwaltungswirtschaft ohne weiteres mit dem Engagement für die parlamentarische Demokratie identifizieren. Ablehnung kommunistischer Wirtschafts- und Gesellschaftsformen kommt jedoch nicht grundsätzlich schon der Zustimmung zu den Institutionen der parlamentarischen Demokratie gleich. Gäbe es die behauptete *strukturelle* Kausalität von Privatwirtschaft und parla-

[4] *Jutta Marchal,* Demokratie und Marktwirtschaft in der Theorie des Neoliberalismus, Diss. Gießen 1970.
[5] *C. B. MacPherson,* Drei Formen der Demokratie, Frankfurt/M. 1967, S. 53.
[6] Zusammengefaßt in *Helge Pross* und *Karl W. Boetticher,* Manager des Kapitalismus. Untersuchung über leitende Angestellte in Großunternehmen, Frankfurt/M. 1971.
[7] Vgl. das Kapitel Mitbestimmung und Privateigentum in diesem Band.

mentarischer Demokratie, so wäre unerklärlich, warum es in der kapitalistischen Gesellschaft Deutschlands zur Beseitigung der demokratischen Verfassung und ihrer Ersetzung durch die totalitäre Diktatur kam. Die historische Erfahrung lehrt, daß jenes Verhältnis von Ursache und Wirkung nicht besteht, daß also nicht unter allen Bedingungen von einer strukturellen Kongruenz von Kapitalismus und parlamentarischer Demokratie ausgegangen werden kann.

Wo die Ideen der Freiheit und Gleichheit den Rahmen der engeren staatlichen Ordnung überschritten und das auf praktische Veränderungen gerichtete, in Programme und Gesetze eingegangene Denken über Wirtschafts- und Sozialverhältnisse ergriffen haben, sind Demokratiebegriffe, die das für das soziale und mittelbar politische Handeln relevante normative Moment von Demokratie bagatellisieren, der Realität nicht adäquat. Als Instrumente wissenschaftlicher Erkenntnis reichen sie nicht aus. Ebensowenig kann sich der Erkenntnisversuch mit der These einer strukturellen Kausalität von Kapitalismus und Demokratie begnügen. Dafür wurde sie zu drastisch durch die Geschichte selber widerlegt.

In anderer Weise ist das Verhältnis von Kapitalismus und Demokratie freilich auch unproblematisch für die, die einen radikalen Demokratiebegriff unterstellen, Demokratie als Identität von Herrschenden und Beherrschten und damit als das Ende von Herrschaft überhaupt. Gemäß diesem Ansatz ist der Kapitalismus, gleichviel welcher Form, a priori unvereinbar mit Demokratie. Wie immer man ihn bestimmt, stets hat Kapitalismus mit Herrschaft zu tun und ist daher nach Maßgabe des radikalen Begriffs *ex definitione* eine der Demokratie antagonistische Struktur. Auch gegen diese Lehren besteht der Einwand mangelnder Realitätsbezogenheit zu Recht. Außer der Kritik, die in dem vorliegenden Band schon an anderer Stelle formuliert worden ist[8], muß ihnen entgegengehalten werden, daß sie mit einem zu abstrakten und undifferenzierten Kapitalismusbegriff operieren. Nicht unterschieden werden die spezifisch kapitalistischen und die spezifisch industriellen Elemente in den Sozialstrukturen der sog. westlichen Welt, die zwar in der Realität direkt miteinander verschmolzen, für die Klärung des Verhältnisses von Kapitalismus und Demokratie aber doch analytisch zu trennen sind. Offen bleibt, wie jene Demokratie mit den besonderen *industriellen* Tatsachen zu vereinbaren wäre.[9]

Die industrielle Produktionsweise, auch nach radikaler Auffassung eine Voraussetzung der »wahrhaften« Demokratie, hat Sozialstrukturen hervorgebracht, die zwar nicht von sich aus ein bestimmtes politi-

[8] Vgl. das Kapitel Revolution oder Reform.

[9] Eine gute Zusammenfassung gibt *Hilmar Tillack*, Sachgesetzlichkeit und Entscheidungsfreiheit, Diss. Gießen 1972.

sches System erzeugen, deshalb aber noch nicht politisch indifferent sind. Sie schränken den politischen Gestaltungsspielraum ein, ohne das politische Handeln zu determinieren. Auch für sie gilt Dahrendorfs Feststellung: »Zu politischen Verfassungen gehören bestimmte soziale Strukturen in dem Sinn, daß die Verfassung nicht wirksam werden kann, ohne daß die sozialen Strukturen gegeben sind. Hier wie auch sonst gilt keine primitive Determination; gegebene soziale Strukturen schaffen sich nicht bestimmte Verfassungen . . .; aber soziale Strukturen setzen der Effektivität politischer Formen enge Grenzen.«[10]

Grenzen für die politische Verfassung als Ordnung der Herrschaft *und* als Ordnung der Herrschaftslosigkeit setzen zumal die für die absehbare Zukunft mit der industriellen Produktionsweise untrennbar verbundenen Tatsachen der Arbeitsteilung und der Zentralisation von Steuerungskompetenzen. Unvorstellbar ist, wie das komplizierte Gefüge spezialisierter Verrichtungen so aufgebrochen werden könnte, daß Produktion und Verwaltung funktionieren *und* jeder Bürger an den Beschlüssen über ihre Ziele teilzunehmen vermag. Vielleicht wären die Bürger in der Lage, an Grundsatzentscheidungen zu partizipieren. Auch Grundsatzentscheidungen setzen jedoch Vorbereitung durch Experten voraus, die nur um den Preis des technisch-wirtschaftlichen Niedergangs ignoriert und schwerlich »von unten« kontrolliert werden kann. Die Chance der Manipulation und der Herrschaftsausübung durch Minderheiten bliebe bestehen.

Industrielle Produktionsweise heißt aber auch, unabhängig von ihrem sozio-ökonomischen Rahmen, daß das Gemeinwesen mit den aus dem permanenten Wandel erwachsenden Aufgaben fertig werden muß. Technische Verfahren und Apparaturen unterliegen einem grundsätzlich unabgeschlossenen Veränderungsprozeß. Änderungen der Arbeitsmittel ziehen Änderungen der Verrichtungssysteme nach sich, und deren Veränderungen wirken sich aus als Veränderungen der gesamten sozio-ökonomischen Struktur. Sie schaffen Konflikte, deren Lösung eine Bedingung für das Fortbestehen des Industrialismus ist, Konflikte zwischen erlernten und benötigten neuen Fertigkeiten, Konflikte zwischen den Werthaltungen, die in der Kindheit internalisiert wurden und später durch andere Normen zu ersetzen sind, Konflikte zwischen verschiedenen Branchen und sich ungleichzeitig entwickelnden Regionen.[11] Gewiß schreibt nicht der Industrialismus selber die *Formen* und Inhalte der Konfliktlösung vor. Er verlangt jedoch, daß die Spannungen, die er erzeugt, Lösungen finden. Andernfalls würde er funktions-

[10] *Ralf Dahrendorf*, Gesellschaft und Demokratie in Deutschland, München 1965, S. 39.

[11] *Erwin Scheuch*, Theorie des Rechtsradikalismus westlicher Industriegesellschaften, in: Hamburger Jahrbuch, 12. Jahr, 1967.

unfähig, fiele das Gemeinwesen auf überwundene Armutszustände zurück.

Arbeitsteilung und Notwendigkeit der Konfliktlösung setzen koordinierende und regulierende Instanzen mit Anweisungsmacht, setzen also Herrschaft voraus. Sie mag unter demokratischer Kontrolle stehen und durch den Mehrheitswillen gebunden sein, Herrschaft bleibt sie aber doch. Diese ist ein Funktionsgebot des Industrialismus, Industrialismus ohne Herrschaft nicht haltbar. Obwohl der Industrialismus nicht die Art der Herrschaft dekretiert und heutige Herrschaft daher nicht einfach technologisch zu legitimieren ist, bleibt die Notwendigkeit von Herrschaft bestehen.

Sie erwächst auch aus der dem Industrialismus immanenten Tendenz zur Zentralisierung der Steuerungskompetenzen. Die industriellen Produktions-, Verteilungs- und Kommunikationsverfahren und die ihnen zugeordnete bürokratische Methode der Verwaltung verlangen die Zusammenfassung von Koordinations- und Kontrollfunktionen in Großorganisationen. Für ihr eigenes Funktionieren auf das Funktionieren der anderen angewiesen sowie als je einzelne zu spezialisiert und daher grundsätzlich zu schwach, um den Verkehr untereinander selbständig zu regeln, brauchen die Großorganisationen zudem eine ihnen übergeordnete Instanz, die bindende Anweisungen zu geben vermag. Diese Instanz wird auch benötigt, um die Anpassungen der Sozialstruktur an den wie immer bedingten Wandel zu erreichen. Unter welchem Namen sie amtiert, ob als Staat oder mit einem anderen Etikett; ob sie nur das technologisch notwendige Minimum an Befugnissen kumuliert und maximalen Kontrollen durch die Betroffenen unterliegt, in jedem Industriesystem muß es ein Gebilde oder eine Vereinigung von Gebilden geben, in denen das Recht und die Macht zu verbindlicher Entscheidung sich konzentrieren. Das wird von den Advokaten des radikalen Demokratiebegriffs verkannt. Sie ignorieren die Funktionsbedingungen des Industrialismus und machen ihr Konzept unbrauchbar, weil sie Kapitalismus und Industrialismus auch in der Analyse ungetrennt fusionieren. Realitätsnahe Aussagen über das Verhältnis von Kapitalismus und Demokratie ergeben sich bei diesem Ansatz nicht. Gegenüber der komplexen Wirklichkeit von Gegenwart und Zukunft erweisen sie sich als ebenso fragwürdig wie die Theorie, die durch die Beschränkung von Demokratie auf Verfahrensfragen und vordergründigen Konsens die politische Verfassung bis zur völligen Losgelöstheit von den Wirtschafts- und Sozialstrukturen isoliert. Das unentbehrliche Mittel der analytischen Isolierung von Strukturen und das ebenfalls unentbehrliche Verfahren der theoretischen Verbindung von zuvor Getrenntem sind gleichermaßen unergiebig, wenn sie einseitig und ausschließlich verwendet werden.

Bezogen auf die Gegenwart und für die empirisch fundierte Zukunftsspekulation stellt sich das Problem des Verhältnisses von Demokratie und Kapitalismus als Frage nach den realen Möglichkeiten der Festigung und Erweiterung von politischer Demokratie im kapitalistischen Gesellschaftssystem. So gefaßt, verlangt seine Klärung zunächst die Formulierung eines Demokratiebegriffs, der sowohl die faktischen Gegebenheiten der sozio-ökonomischen und der politischen Verfassungen als auch die in den letzteren enthaltenen normativen Elemente einbezieht. Er muß die *vor* der Industrialisierung entstandenen Vorstellungen den industriellen Bedingungen adaptieren, ohne daß das in allen Epochen identische und handlungsmotivierende normative Moment verloren geht. Ein solchermaßen deskriptiver *und* kritisch über die Deskription hinausgehender Begriff wurde von mehreren Autoren formuliert.[12] Ich folge hier den Überlegungen von Franz L. Neumann. Sie orientieren sich an den Gegebenheiten der industriellen Gesellschaft und halten zugleich die über das Gegebene hinausweisenden geschichtlichen Zielvorstellungen fest.

In Einklang mit den klassischen Lehren sieht Neumann den *Sinn* der Demokratie in der Gewährung eines Höchstmaßes an Freiheit für alle und in der Herstellung sozialer Gerechtigkeit. »Demokratie ist nicht einfach ein politisches System wie jedes andere; ihr Wesen besteht in der Durchführung großer sozialer Veränderungen, die die Freiheit des Menschen maximieren. Nur so läßt sich die Demokratie integrieren; ihr integrierendes Element ist ein moralisches, sei es Freiheit oder Gerechtigkeit.« Demokratische Politik ist danach der »Aufbau einer guten Gesellschaft«.[13] Als methodische Minima dafür nennt Neumann die Repräsentativverfassung, die Bestellung der Repräsentanten durch freie Wahlen sowie persönliche und politische Grundrechte. Darüber hinaus wird vor allem die Notwendigkeit *unabhängiger* politischer, ökonomischer und sozialer Organisationen und die Unerläßlichkeit spontaner Reaktionen der Beherrschten auf die Entscheidungen der Herrschenden betont. Die außerparlamentarischen Interessenverbände in der industriellen Gesellschaft sind demnach ebenso unentbehrlich wie die politischen Parteien. Alle können ihre demokratischen Funktionen jedoch nur erfüllen, wenn sie voneinander und gleichermaßen von der Staatsgewalt unabhängig sind. Die Organisation divergierender Interessen macht freilich allein noch keine Demokratie. Nicht minder wich-

[12] Vgl. zum Beispiel *Otto Stammer*, Gesellschaft und Politik, in: *Werner Ziegenfuß*, Hrsg., Handbuch der Soziologie. Stuttgart 1956; *Jürgen Habermas* et al., Student und Politik, Neuwied 1961; *Franz Neumann*, Demokratischer und autoritärer Staat. Studien zur politischen Theorie, Frankfurt und Wien 1967.

[13] *Neumann*, a.a.O., S. 133.

tig ist die aktive politische Beteiligung der Masse der Bürger. Ohne sie bleibt es bei der Herrschaft einer Koalition von Oligarchien. Freiheit und soziale Gerechtigkeit stellen sich nicht von selber her, sie fallen den Unfreien und an Ungerechtigkeit Leidenden nicht durch eine historische Automatik in den Schoß. Wo es Freiheiten gibt, haben sie ohne aktive Verteidigung keinen Bestand, die Geschichte bietet der Freiheit Chancen, aber sie müssen auch wahrgenommen werden: »Das Gesetz beschränkt die politische Macht; das Wissen zeigt uns den Weg zur Freiheit; doch kann der Mensch allein durch seine eigene Anstrengung die Freiheit erreichen. Weder Gott noch die Geschichte schenken sie ihm. Auf dieser Einsicht beruht die theoretische Formulierung der Demokratie als dem politischen System, das es gestattet, das höchstmögliche Maß an Freiheit zu erlangen. Das Willens- oder aktivistische Element ist für die Verfassung der politischen Freiheit ebenso unentbehrlich wie das juristische oder das kognitive Element.«[14]

Kontrovers ist, ob der »Aufbau einer guten Gesellschaft« innerhalb eines kapitalistischen Institutionenrahmens überhaupt geleistet, ob das demokratische Ziel der Maximierung von Freiheit und der Herstellung von Gerechtigkeit als Gleichheit der Chancen und Schutz für die jeweils Schwächeren im Kapitalismus erreicht werden kann.

Gemäß einer heute wieder verbreiteten, keineswegs nur von orthodoxen Marxisten vertretenen Auffassung ist der Weg zur Verwirklichung dieser Ziele durch die spezifisch kapitalistischen Strukturen verstellt. Kapitalismus bedeutet private Verfügung über die Mittel der Produktion und private Aneignung von Gewinnen, die nicht privat erarbeitet worden sind. Private Verfügung involviert das Recht und die Macht, die von ihr Ausgeschlossenen den Anweisungen der Eigentümer oder ihrer Beauftragten zu unterwerfen; sie involviert privat ausgeübte und nicht demokratisch kontrollierte Herrschaft. Private Aneignung von Gewinnen wiederum widerspricht dem Postulat der Gerechtigkeit, weil sie von vornherein eine Gruppe auf Kosten der anderen begünstigt, also keine Gleichheit der Erwerbs- und generell von Lebenschancen verbürgt.

Aus den genannten Strukturtatsachen des kapitalistischen Systems wird gefolgert, bestimmend für die (westdeutsche) Gesellschaft insgesamt seien Interessengegensätze zwischen Eigentümern von Produktionsmitteln und ihren Beauftragten auf der einen Seite, von Nichteigentümern auf der anderen, bestimmend sei mithin die Polarität von Klassen und nicht eine wie immer prekäre pluralistische Machtbalance.[15] Auch eine Erweiterung des Klassenbegriffs, der sich nicht aus-

[14] Ebenda, S. 125.

[15] Ich stütze mich hier auf *Urs Jaeggi*, Macht und Herrschaft in der Bundesrepublik, Frankfurt/M. 1969.

schließlich an der Stellung zu den Produktionsmitteln, sondern darüber hinaus an der Teilnahme an Herrschaft oder am Ausschluß von ihr orientiert, führt zu dem gleichen Resultat. Die Gesamtheit derer, die Herrschaftspositionen innehaben, bestünde zwar aus mehreren Gruppen, doch würden sich diese im Wesentlichen nur nach ihren Funktionen, nicht dagegen nach Interessenlagen und den Deutungen ihrer Interessen unterscheiden. Maßgebend für alle sei letztlich der Wille der kapitalistischen Kader. Ihrem Druck müsse sich auch die politische Machtelite unterwerfen: »Die These lautet also: in der Verbindung wirtschaftlicher und politischer Macht bestimmt die erste die zweite in einem höheren Maße als umgekehrt.«[16] »In der Regel«[17] setze die ökonomische Gruppe sich durch. Sie mache zwar Kompromisse und treibe den Antagonismus nicht auf die Spitze, um das System nicht zu gefährden. Gleichwohl blieben ihre Interessen: Machterhaltung, Profit und sonstige soziale Vorteile, entscheidend. Innerhalb der so beschaffenen Struktur sei auch kein wirklicher Interessenausgleich möglich, gäbe es keine ernst zu nehmende Interessenkonkurrenz. Arbeiter wären keine reale Macht, der Konsens ginge immer auf ihre Kosten. Auch für die Nutzung moderner Technologien erweise sich dieses System als ungenügend: »Die Planung der Investitionen, die der automatisierten Produktion die lange Laufzeit gibt, die sie benötigt; eine hohe Priorität der Ausbildung, damit eine Generation heranwächst, die deren Möglichkeiten entfalten kann; die gleichen Möglichkeiten für alle; eine entsprechende Verteilung der Kaufkraft, damit das Produkt verbraucht wird; mehr Freizeit, damit die Freisetzung von der Arbeit in einen Vorteil verwandelt wird – all das macht die neue Technologie erforderlich, und all das kann das spätkapitalistische System nur mangelhaft bewältigen.«[18]

Jaeggi stützt seine Thesen auf umfangreiches empirisches Material: Ungleichheit der Bildungschancen für die verschiedenen Sozialschichten, Ungleichheit der Vermögensverteilung, Ungleichheit der Erwerbs- und Konsummöglichkeiten, Ungleichheit der Anbieter am oligopolistischen Markt. Obwohl sorgfältig dokumentiert, greifen seine Folgerungen jedoch zu weit. Für die These, ausschlaggebend in der westdeutschen Gesamtheit der Inhaber von Herrschaftspositionen seien die ökonomischen Gruppen, »in der Regel« setzten sich ihre Interessen durch, fehlt nicht nur der empirische Beleg, sondern, wichtiger, auch die theoretische Deduktion. Zu wenig berücksichtigt wird, daß keine demokratische Partei und keine Regierung in der Bundesrepublik »in der Regel« den Forderungen ökonomischer Machtgruppen folgen und da-

[16] Ebenda, S. 29.
[17] Ebenda.
[18] Ebenda, S. 38 f.

mit, wie Jaeggi impliziert, gegen die große Mehrheit handeln kann, weil sie darauf angewiesen bleibt, Wähler zu gewinnen. Die demokratische *Methode* ließe solche Einseitigkeit nur bei *totaler* Manipulation des Wählerwillens zu. Ebensowenig können Parteien, Parlamente und Regierungen »in der Regel« die Voten derjenigen Organisationen ignorieren, die die beherrschten oder »ausführenden« Gruppen repräsentieren. Keine nach der demokratischen Methode gebildete Regierung der Bundesrepublik, auch nicht eine konservative, wäre in der Lage, etwa gegen den erklärten Willen der Gewerkschaften zu regieren, jede unterliegt dem Zwang zum Kompromiß. Es kommt hinzu, daß die ökonomischen Einflußgruppen ihrerseits nicht die innere Homogenität aufweisen, die eine einheitliche Interessenlage, eine einheitliche Interessendeutung und eine einheitliche Interessenvertretung schafft. Gemeinsam ist ihnen lediglich das allgemeine Interesse an der Erhaltung des sie begünstigenden privatwirtschaftlichen Systems, nicht gemeinsam dagegen die Vorstellung von dem, was zur Realisierung dieses Interesses politisch notwendig sei. Verbände der Großunternehmen ziehen politisch nicht durchweg an demselben Strang wie mittelständische Organisationen, und alle zusammen sind in sich stärker gespalten als etwa der Deutsche Gewerkschaftsbund. Als empirische Aussage ist Jaeggis These der prinzipiellen Dominanz wirtschaftlicher Machtgruppen über die übrigen Machteliten daher unhaltbar. Ebenso unhaltbar, zumindest aber unergiebig, ist die Addition aller derer, die keine Produktionsmittel besitzen und nicht an der Verfügung über sie partizipieren, zur »beherrschten« oder »ausführenden« oder – so andere Autoren – »ausgebeuteten Klasse«. Die fraglos vorhandenen und großen Unterschiede der Lebenschancen und Lebensweisen bestehen bekanntlich zwischen der Masse der Mittelschichten und der Masse der Grundschichten, vorab der Arbeiterschaft, also zwischen der numerisch größeren und der kleineren Hälfte der Bevölkerung und *innerhalb* des Personenkreises, der nicht über die Produktionsinstrumente disponiert. Gegenüber diesen für das Leben der Einzelnen und für die politische Entwicklung des Gemeinwesens entscheidenden Differenzen ist der Begriff der Klasse zu abstrakt. Er unterstellt eine Interessenidentität, die nicht existiert.

Die These, es sei eine aus der kapitalistischen Grundstruktur resultierende Geschlossenheit der Machteliten bei Vorherrschaft ihrer ökonomischen Mitgliedsgruppen und eine aus derselben Struktur sich ergebende Machtlosigkeit der überwiegenden Majorität, die die Maximierung von Freiheit und die Herstellung sozialer Gerechtigkeit verhindert, erweist sich als fragwürdig. Das heißt freilich nicht, mit den Einwänden gegen sie wäre das Faktum des Widerspruchs zwischen Privatwirtschaft und Demokratie aus der Welt geschafft. Nur wirkt dieser Widerspruch sich nicht im Sinne der referierten Polarisierungstheorie aus.

Die Frage bleibt, ob bei Fortbestehen dieser Widerspruchsstruktur der »Aufbau einer guten Gesellschaft«, ob die Erweiterung der politischen Demokratie zur sozialen Demokratie innerhalb des kapitalistischen Systems der Bundesrepublik möglich ist. Soziale Demokratie steht hier für Ausdehnung individueller Freiheiten *und* für einen Zustand sozialer Gerechtigkeit. Soziale Gerechtigkeit bedeutet dabei nicht allein Herstellung gleicher Leistungschancen oder gleicher Gelegenheiten zum Wettbewerb um begünstigte Positionen. Soziale Gerechtigkeit meint vielmehr auch Sicherung und Schutz derjenigen, die, aus welchen Gründen immer, selbst zu schwach sind, um einen materiell und immateriell akzeptablen Daseinsstandard zu erlangen. Die Widerstände gegen eine solche Entwicklung sind sowohl objektiv-struktureller wie subjektiver Art. Einige subjektive Behinderungen, vor allem die politische Apathie der Majorität und die Konservativität mehrerer Machtgruppen, wurden in diesem Band bereits behandelt.[19] Wichtige objektive Restriktionen sind Gegenstand einer Analyse, die ein Team von Sozialwissenschaftlern vor wenigen Jahren angestellt hat.[20]

Die Vf. gehen davon aus, »daß weitgehend übereinstimmende wirtschaftliche und gesellschaftliche Verhältnisse durchaus verschiedene politische Überformungen zulassen«, daß aber die Wirtschafts- und Sozialstrukturen »das politische Herrschaftssystem mit einem Komplex zentraler Probleme konfrontieren«, die es nahelegen, dieses System als Versuch zur Lösung der Probleme durch ganz bestimmte institutionelle Arrangements zu verstehen.[21] Demokratie als Herrschaftssystem ist damit bereits im Ansatz mit sozio-ökonomischen Strukturen verknüpft. Als konstitutiv für kapitalistische Industriegesellschaften registrieren auch diese Autoren den Widerspruch zwischen gesellschaftlicher Produktions- und privater Aneignungsweise. Politische Herrschaft sei durch die Konfrontation mit ihm charakterisiert, er setze die entscheidende »restriktive Bedingung politischen Handelns«[22]: den Zwang zur Erhaltung privater Verfügungsmacht. Ausgeschlossen sei, »ganz bestimmte Schlüsselpositionen und ihnen entsprechende wirtschafts- und sozialpolitische Desiderate ... in Frage zu stellen. Genauer gesagt haben die private Verfügungsgewalt über die industriellen Großunternehmungen und die dieser Verfügungsgewalt zugeordneten Investi-

[19] Vgl. Zur Stabilität demokratischer Institutionen in der Bundesrepublik, und Das Bild des Unternehmers.

[20] *J. Bergmann, G. Brandt, K. Körber, E. Th. Mohl, C. Offe,* Herrschaft, Klassenverhältnis und Schichtung, in: Spätkapitalismus oder Industriegesellschaft? Verhandlungen des 16. Deutschen Soziologentages, Stuttgart 1969.

[21] Ebenda, S. 68.

[22] Ebenda, S. 69.

tionsentscheidungen als entscheidende restriktive Bedingungen politischen Handelns heute zu gelten.«[23] Regierung und Parlament müßten dafür sorgen, daß Anreize für die private Investition bestehen, sie müßten Gewinnchancen schaffen oder erhalten. Das involviere, daß der Dispositionsspielraum privater Unternehmen gewahrt bleibe, das Prinzip der Privatverfügung also nicht wesentlich angetastet wird. In diesem Sinn bleibe die Politik aufgrund objektiver oder struktureller Erfordernisse den Privatinteressen untergeordnet. Verwehrt sei ihr, Gewinne so zu besteuern, daß die Einkommens- und Vermögensabstände nur noch Reflex von Leistungsabständen sind. »Dem Versuch, die Ungleichheiten der primären Einkommensverteilung zu korrigieren, stehen strukturelle Widerstände entgegen. Die Möglichkeit der Überwälzung von Steuern und Soziallasten, der Einschränkung der Investitionen und schließlich der Kapitalflucht markieren Schranken, die der staatlichen Wirtschafts- und Sozialpolitik von privaten Interessen gesetzt sind.«[24] Noch gravierender als die derart erzeugte und perpetuierte Ungleichheit sei die »Disparität von Lebensbereichen, d. h. der ungleichgewichtigen Befriedigung der verschiedenen Lebensbedürfnisse«[25]. Der Zwang zur Erhaltung von Investitionsanreizen verhindere eine Politik, die die Befriedigung der nicht durch private Angebote abgedeckten Bedürfnisse garantiert: ausreichender Ausbau des Bildungs-, Verkehrs- und Gesundheitswesens, Sanierung der Städte, generell die angemessene Entwicklung unzulänglich ausgestatteter sozialer Infrastrukturen und die menschenwürdige Gestaltung von Lebensbedingungen der sozial Schwachen.

Die Theorie der restriktiven Bedingungen läuft auf die Feststellung hinaus, der Ausbau der politischen Demokratie zur sozialen Demokratie sei im kapitalistischen Rahmen nicht möglich, die »Disparität der Lebensbereiche« oder das Ungleichgewicht zwischen privaten und öffentlichen Leistungen nicht überwindbar. Für diese These spricht die bisherige politisch-ökonomische Entwicklung der Bundesrepublik, spricht das Mißverhältnis zwischen privatem Reichtum und öffentlicher Armut. Ob es sich hierbei tatsächlich um eine aus der kapitalistischen Struktur erwachsende und vor allem, ob es sich um eine auch in der Zukunft unverrückbare Notwendigkeit handelt, scheint allerdings weniger gewiß. Theoretisch denkbar, wenngleich gegenwärtig politisch kaum durchsetzbar, ist langfristig zumindest eine spürbare Verringerung des Ungleichgewichts zugunsten der öffentlichen Angebote durch Erhöhung des dem Staat zufließenden Anteils am Bruttosozialprodukt und eine entsprechende Verkleinerung der Gewinne von privaten Un-

[23] Ebenda, S. 72.
[24] Ebenda, S. 79.
[25] Ebenda, S. 82.

ternehmen. Privatgewinn bleibt ein Imperativ des kapitalistischen Systems, aber daraus folgt nicht, er müsse auch im bisherigen Umfang erhalten werden, um als Investitionsanreiz zu wirken. Das auch von den kapitalistischen Kadern vorgebrachte Argument, seine Schmälerung führe zu Stagnation und Arbeitslosigkeit, ist nicht völlig schlüssig, weil bisher nicht praktisch erprobt worden ist, wo die Grenze der Belastbarkeit privater Unternehmen liegt, wo also die mit politischen Mitteln herbeigeführte Reduktion von Gewinnen in der Tat Stillstand bewirkt. Das ist nicht primär eine Frage nach den subjektiven Reaktionen von Eigentümern und Eigentumsverwaltern auf eine Verringerung des ihnen persönlich zufließenden Gewinns. Ernster ist das Problem, in welchem Umfang Gewinne nötig sind, um die nationale und internationale Konkurrenzfähigkeit der Unternehmen durch Aufwendungen für Innovationen zu sichern.

Zweifel an der Korrektheit der Restriktionsthese weckt auch eine Feststellung, die nicht dem Bereich theoretischer Argumentation, sondern der theoretisch nicht verarbeiteten praktischen Beobachtung entstammt und insofern kein wirklicher Gegenbeweis ist – die Feststellung, daß andere kapitalistische Länder einen erheblich höheren Prozentsatz des Bruttosozialprodukts zum Beispiel in das Bildungswesen investieren oder größere Aufwendungen für die öffentlichen Gesundheitsdienste machen.

Wie immer es sich mit den Relationen von öffentlichen und privaten Angeboten in anderen Ländern verhält, letztlich ist es in der Tat der Grad der Starrheit der genannten Restriktionen, der ebenso wie die in anderen Kapiteln dieses Buches schon skizzierten subjektiven Faktoren über die Vereinbarkeit von sozialer Demokratie und Kapitalismus bestimmt. Unter den subjektiven Faktoren wiederum sind die politische Apathie der Majorität und die Einstellungen der Machteliten sowie die der nicht zu ihnen gehörenden aktiven Minderheiten gleichermaßen von Belang. Wie sie sich entwickeln, hängt auch von den Einflüssen der im weitesten Sinn kulturellen, nicht einfach ökonomisch determinierten Institutionen ab. Die Aufruhrtendenzen der sechziger Jahre haben erneut gezeigt, daß das politische Bewußtsein sozialer Gruppen nicht bloß als Reflex objektiver Interessenlagen verstanden werden kann, daß die objektiven Interessen nicht immer eindeutig sind und daß hinsichtlich der Deutung des Eigeninteresses innerhalb der sozialen Großgruppen keine Einmütigkeit besteht. Die Unruhen des vergangenen Jahrzehnts haben auch gelehrt, daß die Machtstrukturen in der Gesellschaft nicht so verfestigt sind, um Reformen zugunsten eines Ausbaus sozialstaatlicher Komponenten von vornherein auszuschließen. Möglich scheint, daß die in dieser Richtung vorsichtig begonnenen Prozesse fortgesetzt werden, möglich scheint aber auch ihre

Unterbrechung. Prognosen läßt die Komplexität der das Handeln steuernden Einflüsse nicht zu.

Unterstellt, die strukturellen Grenzen für eine Erweiterung der Demokratie seien so starr, wie die Autoren der Restriktionstheorie und andere Kritiker vermuten, ergibt sich die Frage, welche für die Demokratie günstigeren Alternativstrukturen zur Verfügung stehen. Politisch ist das gegenwärtig nur ein Randproblem, für die Theorie des Verhältnisses von Gesellschaft und Demokratie aber zentral. Auf die Unvereinbarkeit von Zielen, Mitteln und Folgewirkungen in den *radikalen* Alternativprogrammen wurde schon hingewiesen.[26] Ihre Realisierung würde das vorhandene Maß an Demokratie zerstören. Aber wenn nicht diese, welche Alternativen bleiben dann? Welche sozioökonomischen Strukturen könnten die im Kapitalismus bestehenden Grenzen einer fortschreitenden Demokratisierung beseitigen, ohne erreichte Freiheiten und den erreichten materiellen Standard zu vernichten? Ohne also das abzuschaffen, was die überwiegende Mehrheit der Menschen zu erhalten wünscht?

So weit erkennbar, versagt hier die Theorie. Grundsätzlich bessere Alternativen scheinen auch im Denken noch nicht entwickelt. In diesem Sinn ist die Gesellschaftskritik bisher nicht in rationaler Weise praktisch geworden. Das gilt auch für die Vorstellungen einiger Jungsozialisten.[27] Sie verlangen die »Überführung der Produktionsmittel in die Nutzung und Verantwortung der Gesamtgesellschaft«[28]; die Wirtschaft müsse »demokratisch legitimierter Kontrolle und der Mitentscheidung der Arbeitnehmer« unterliegen[29]; »Endziel muß die Ausrichtung von Produktion und Investition an den gesellschaftlichen Bedürfnissen sein«[30]; nötig sei, »Vertretungsgremien der Arbeiter und Angestellten« zu schaffen, die die Zielsetzungen der Unternehmungen »in Übereinstimmung mit gesellschaftlichen Rahmenplänen«[31] festlegen sollen.

Diese und die ihnen verwandten Vorstellungen sind nicht Ergebnisse wissenschaftlich fundierter Gesellschaftstheorie, sondern Formeln, die den Minimalanforderungen an praxisbezogenes Denken: Berücksichtigung der für die Zielverwirklichung benötigten Mittel und ihrer Nebenwirkungen, nicht genügen. Kaum eine ist zu Ende gedacht, die meisten bleiben leer. Was sind zum Beispiel die »gesellschaftlichen Bedürf-

[26] Vgl. Das Kapitel Revolution oder Reform in diesem Band.
[27] Vgl. zum Beispiel *N. Gansel*, Hrsg., Überwindet den Kapitalismus oder Was wollen die Jungsozialisten? Reinbek 1971. *Wolfgang Roth*, Managermagazin, Juni 1972.
[28] *Gansel*, Hrsg., a.a.O., S. 56.
[29] Ebenda, S. 714.
[30] Ebenda, S. 177.
[31] *Roth*, a.a.O.

nisse«, an denen Produktion und Investition »ausgerichtet« sein sollen? Wie werden sie ermittelt? Und nach welchen Gesichtspunkten werden die »gesellschaftlichen Rahmenpläne« aufgestellt? Wer stellt sie in welchen Verfahren auf? Wie können dabei die Gefahren der Zentralverwaltung vermieden werden? Was heißt »Verantwortung der Gesamtgesellschaft«? Wer ist politisch die »Gesamtgesellschaft«, wer ihr Subjekt? Ein gewähltes Gremium von der Art des Bundestages? Oder ein Wirtschaftsparlament, das sich als Nebenregierung betätigt und damit die parlamentarische Demokratie zu Grabe trägt? Wie wäre jenes gesamtgesellschaftliche Subjekt überhaupt noch zu kontrollieren? Sicher nicht durch die »Basis«, an der notwendig, infolge industrieller Strukturgesetzlichkeiten, die erforderlichen Informationen und die Zeit zu ihrer Beschaffung und Verarbeitung fehlen.

Eingeschlossen in die Frage nach den besseren Alternativen ist die nach der instrumentellen Qualität eines Wirtschaftssystems, nach seiner Leistung zur Steigerung des materiellen Standards. Der Nachweis, daß die nicht-kapitalistischen Ordnungen wenigstens in dieser Hinsicht überlegen sind, steht aus – der Nachweis, daß sie besser als der westdeutsche Kapitalismus in der Lage wären, die neuen Technologien zu nutzen. Jaeggis zitierte Kritik an der Nutzungsfähigkeit des »Spätkapitalismus« mag zutreffend sein, aber das instrumentelle Problem löst sie so wenig wie die skizzierten Alternativen.

Wir befinden uns also in einem Dilemma. Einerseits ein nichtdemokratisches Wirtschaftssystems, andererseits keine besseren Alternativen in Gestalt einer nicht-kapitalistischen Ordnung. Einerseits die Forderung nach mehr Demokratie, andererseits deren Behinderung durch die kapitalistische Struktur. Das Dilemma ist ernst, und das nicht nur in der Theorie. Es ist ernst, weil sich bei uns eine irrationale, undurchdachte Kapitalismuskritik breit zu machen beginnt, die auf das politische Handeln Einfluß gewinnt und damit anfängt, eine reale Macht zu werden. Von den neuen Kritikern werden zwar die Schwächen der bestehenden Verhältnisse oft scharfsinnig analysiert, bei der Suche nach Auswegen verfallen sie aber leicht in blinden Glauben oder in unfruchtbare Resignation oder gar in gewalttätigen Aktionismus. Diese um sich greifende Kapitalismuskritik bewegt sich zu sehr in den Bahnen traditionellen deutschen Denkens, das stark zu radikalen Entgegensetzungen neigt. Zu sehr, daß heißt in einer für die vorhandenen Formen von Demokratie gefährlichen Manier setzen sich wieder Philosophien und Pseudo-Philosophien des Entweder-Oder durch: entweder Kapitalismus oder Demokratie. Wenn nicht die jeweils für richtig gehaltene Demokratie, dann Zerstörung der unvollkommenen Demokratie. Auf der politischen Rechten bedeutet diese Haltung Verwerfung der parlamentarischen Demokratie, sofern sie den Kapitalismus stört, und bei einigen (nicht bei allen) Gruppen der Neuen Linken undurchdachte Ablehnung des Kapitalismus, weil er sich der konsequenten Demokratisierung nicht fügt.

Die der Demokratie förderlichen Auswege aus dem Dilemma des Verhältnisses zwischen Wirtschaft und Staat gibt es wohl nur im Kompromiß, in der pragmatischen Suche nach Herrschafts- und Verteilungsstrukturen, die weder *reine* Demokratie noch *traditioneller* Kapitalismus sind, weder das eine noch das andere Prinzip ungetrübt realisieren. Solche Kompromisse und Kompromißsuche verlangen von den Kapitalismusgegnern das Eingeständnis, daß dieses Wirtschaftssystem, wie mangelhaft es auch sei, unter den *praktikablen* Ordnungen nach wie vor das kleinere Übel ist, und von den Demokratiegegnern die Einsicht, daß ohne fortschreitenden Ausbau der Demokratie der Kapitalismus langfristig kaum überleben kann. Schwerlich vermag sich das kapitalistische Wirtschaftssystem in der Weltkonkurrenz der Systeme auf Dauer zu behaupten, wenn es sich nicht durch sozialdemokratische Kompromisse den in vielen Ländern erwachten Gleichheitsforderungen adaptiert.

Auf Formeln gebracht, geht es also nicht um reinen Kapitalismus oder reine Demokratie, sondern um den stetigen Ausbau der bestehenden zu einer besseren, der politischen zur sozialen Demokratie; nicht um volle Gerechtigkeit, sondern um ein Mehr an materieller und immaterieller Gleichheit, ein Mehr an Chancengleichheit; nicht um die Mitbestimmung aller bei allen Angelegenheiten, sondern um die erweiterte Mitwirkung der Untergeordneten an den Arbeitsplätzen; nicht um die Beseitigung des Privateigentums, sondern um seine weitere Beschränkung; nicht um die Kollektivierung der Produktionsmittel, sondern um einen besseren Ausgleich zwischen privater Produktion und öffentlichen Diensten in Bildung, Gesundheit, Sozialwesen, Verkehr; nicht um die Durchsetzung *eines* Prinzips, sondern um den gerechten Kompromiß.

Daß solche Kompromisse grundsätzlich unmöglich sind, ist bisher nicht erwiesen. Sicher stehen ihnen jedoch viele Hindernisse im Weg. Ein Hindernis ist theoretischer oder wissenschaftlicher Art.

Theoretische Schwierigkeiten ergeben sich aus der schon skizzierten Tendenz kritischen sozialwissenschaftlichen Denkens, sich mit der anprangernden Analyse zu begnügen und auch dann, wenn man keine radikalen politischen Ziele verfolgt, auf die Formulierung praktikabler Besserungsvorschläge zu verzichten. In der Soziologie etwa gibt es bedeutende Gesellschaftskritiker, die mit großer geistiger Kraft die komplizierten Sozialbeziehungen untersuchen. Lösungen für die von ihnen herausgearbeiteten, die Demokratie bedrängenden Probleme entwickeln sie jedoch nicht. Ein Beispiel für das Gemeinte scheint der gegenwärtige Stand der Diskussion über die Vermögensumverteilung in der Bundesrepublik zu sein. Viele Sozialwissenschaftler stimmen überein, daß das heutige Maß der Besitzungleichheit demokratisch nicht legitimierbar und drastisch zu vermindern sei. Über das geeignete *Wie* solcher Veränderungen liegen aber kaum fundierte Entwürfe vor. Sie können auch nicht allein von Wissenschaftlern entwickelt werden, weil diesen die unentbehrliche Kenntnis zahlreicher praktischer Details fehlt. Nötig wären daher neue Formen einer intensiven Zusammenarbeit zwischen Praxis und Wissenschaft, Kooperationsformen, die allenfalls in ersten Anfängen bestehen. Vorherrschend ist noch die Fremdheit, die dazu führt, daß Wissenschaftler Analysen erstellen, die sie den Praktikern mit der Geste: nun seht zu, was Ihr damit macht, übergeben. Eine Verschränkung der Arbeit, die es erlaubt, daß Theoretiker und Praktiker kontinuierlich und in allen Stadien kooperieren, hat nur ausnahmsweise statt. Wie für die Vermögensumverteilung, gilt das für viele andere, in ihrer Ungelöstheit die Demokratie belastende Probleme. Selbstverständlich sind diese nicht schon *praktisch* überwunden, wenn sie *im Denken* geklärt worden sind. Aber ohne Klärung im Denken, ohne konkrete Theorie bleibt die praktische Lösungsbemühung schlechter als nötig, bleibt sie zu uninformiert.

Dies sind keine müßigen Erwägungen. Daß sie unmittelbar die Beziehung von Kapitalismus und Demokratie betreffen, zeigt der nächste Schritt. Wenn es zutrifft, daß der Kapitalismus um der Demokratie willen refomiert werden und die Demokratie sich mit dem Kapitalismus abfinden muß, dann ergibt sich etwa im Hinblick auf die Unternehmungen die Aufgabe, *innerhalb des marktwirtschaftlichen Rahmens* bessere Formen der Mitwirkung am Arbeitsplatz, der Mitbestimmung bei der Festlegung von Unternehmenszielen, des Schutzes der Beschäftigten, der Verwendung von Gewinnen zu finden. Nötig ist dann, autoritäre Anweisungsmuster so umzubilden, daß das Mitwirkungsrecht der sog. Untergebenen ausgedehnt *und* zugleich die Effizienz der Unternehmen und Behörden erhalten wird. Aber wie macht man das? Wie kann man beides gewährleisten: Funktionsfähigkeit der Unternehmen *und* mehr innerbetriebliche Demokratie? Auf lange Sicht mehr, als Mitbestimmungs- und Betriebsverfassungsrecht vorsehen? Sicher nicht durch umstandslose Übertragung der Formen parlamentarischer Demokratie auf die Wirtschaftsgebilde – oder generell auf Sozialgebilde mit spezifischen, von denen des Staates verschiedenen Funktionen. Aber wenn nicht so, wie dann? Weiter: wie kann man in den Unternehmen und außerhalb zu mehr materieller Gleichheit gelangen, und trotzdem den Eigennutz als unentbehrlichen Leistungsantrieb aktivieren? Wie die Gewinne wenigstens teilweise entprivatisieren, ohne die Investitionsbereitschaft zu lähmen? Was sind hier die richtigen Kompromisse?

Ich bezweifle, daß irgend jemand darauf die schlüssigen Antworten weiß. Vielmehr müssen wir zugeben, daß die *konkreten* Probleme weitaus schwieriger sind, als es etwa im Theorienrausch der 60er Jahre schien. Das haben zum Beispiel die Erfahrungen mit der sog. Demokratisierung der Hochschulen gezeigt. Hier gibt es zwar jetzt in einigen Bundesländern ein Ausmaß an Mitbestimmung von allen Gruppen, das jede Gewerkschaftsforderung für die Betriebe weit übersteigt. Eben dadurch wurde aber die Leistungsfähigkeit der Hochschulen erheblich reduziert, wurden die internen Zwistigkeiten vielleicht stärker vermehrt, als es den gegenwärtig unüblich gewordenen Massen- und Straßendemonstrationen der ersten Protestjahre gelang. Diese Misere der Hochschulen illustriert, worum es in unserem Zusammenhang geht, nämlich durch Denken, durch konkrete Theorie die unersetzlichen Vorarbeiten zu leisten, deren es für jede vernünftige Reform bedarf. Denn schließlich: wenn noch nicht einmal theoretisch geklärt, wie sollen die Probleme dann in der Praxis rationale Lösungen finden?

Zweifellos scheitern die rationalen Lösungen gegenwärtig aber nicht allein an den theoretischen Defiziten. Hinderlich ist vielmehr auch die Passivität derer, denen Reformen zu dienen hätten. Wenn die Untersuchungen über das politische Bewußtsein der Masse der Menschen nicht trügen, wünscht diese, daß der bestehende politische, wirtschaftliche und soziale Zustand prinzipiell erhalten und ohne Veränderung seiner Grundrisse in den Details fortschreitend verbessert wird. Gewünscht wird anscheinend von breiten Gruppen etwas mehr Wohlstand, etwas mehr Mitbestimmung, etwas mehr Gleichheit, aber nicht die eingreifende Veränderung. Gewünscht wird jedenfalls nicht die »Systemüberwindung«. Weil die Mehrheit sich mit den angebotenen Verhältnissen arrangiert, ohne als zu groß empfundene Leidenspreise zu zahlen, fehlen die Anstöße für rigoros verändernde Aktivität.

Daß Reformen der angedeuteten Art schließlich auf den Widerstand der konservativen Gruppen in den Machteliten stoßen, ist klar und in diesem Band in mehreren Kapiteln genügend dokumentiert, um den Verzicht auf Wiederholungen zu erlauben.

So groß die subjektiven Widerstände gegen Reformen sind, die sich gleichermaßen an den Geboten der Demokratie und der Effizienz orientieren, bedeuten sie doch nicht, daß solche Reformen langfristig unmöglich sind. Auch die aus der kapitalistischen Grundstruktur erwachsenden objektiven Restriktionen scheinen nicht mehr so starr, wie von den referierten Theoretikern vermutet. Diese Restriktionen legen zum Beispiel nicht fest, daß das Bildungssystem dem Drei-Klassen-Modell zu entsprechen hat. Sie schreiben auch nicht vor, wie ein Land seine abweichenden und seine sozial schwachen Minderheiten behandelt – wie es sich etwa zu Kindern oder zu alten Menschen oder zu

Strafgefangenen verhält oder in welchen Formen und in welchem Geist es seine Heime zur Rehabilitation geschädigter Menschen organisiert. Ebensowenig dekretieren sie – um andere aktuelle Vorhaben heranzuziehen – die Inhalte einer Reform des Eherechts oder von Strafrechtsreformen.

Reformen, die zwar nicht der Herstellung der universale Mitbestimmung und volle Gerechtigkeit garantierenden Demokratie, wohl aber einer fortschreitenden Humanisierung des Lebens von Minderheiten sowie der Mehrheit dienen, sind auch innerhalb des kapitalistischen Institutionengefüges möglich. Dieses mag ebenso wie die spezifisch industrielle Struktur mit der *konsequenten* Demokratie nicht vereinbar sein. Der Beweis ist aber noch nicht erbracht, daß es spürbare, für das Einzelleben entscheidende Verbesserungen verhindert. Es ist keine die Demokratisierung von sich aus vorantreibende Kraft. Wohl aber scheint es unter den in der gegenwärtigen Welt vorhandenen und unter den gedachten Wirtschafts- und Sozialverfassungen das geringste Übel zu sein. Wie veränderungsbedürftig, wie moralisch fragwürdig es ist, die angebotenen Alternativen versprechen nichts, was der Freiheit und der Gerechtigkeit förderlicher wäre. Einzugestehen, daß es nach Maßgabe demokratischer Prinzipien ein Übel, unter den heute vorhandenen Formen und den diskutierten Denkmodellen aber das kleinste Übel ist, dürfte ein Gebot nicht bloß der praktischen Vernunft, sondern auch der intellektuellen Redlichkeit sein.

Quellennachweise

Zum Begriff der pluralistischen Gesellschaft, in: Zeugnisse. *Theodor W. Adorno* zum 60. Geburtstag. Im Auftrag des Instituts für Sozialforschung herausgegeben von *Max Horkheimer.* Frankfurt/M. 1963. (Redigierte Fassung)

Zur Stabilität demokratischer Institutionen in der Bundesrepublik, in: Nachrichten der Gießener Hochschulgesellschaft, 35. Band 1966. (Redigierte Fassung)

Revolution oder Reform. Zur Kritik der abstrakten Utopie. Erweiterte Fassung eines Vortrags vor der Humanistischen Union in München 1968, abgedruckt in: Vorgänge, Heft 10/11 1969; wieder abgedruckt in: Club Voltaire IV. Jahrbuch für kritische Aufklärung, hrsg. von Gerhard Szczesny. Hamburg 1970.

Mitbestimmung und Privateigentum, in: Sozialpolitik und persönliche Existenz. Festgabe für Hans Achinger anläßlich seines 70. Geburtstages am 5. Oktober 1969, herausgegeben von A. Blind, Chr. von Ferber, H.-J. Krupp, Berlin 1969.

Das Bild des Unternehmers. Vortrag für den Bayerischen Rundfunk 1972.